# 会社の仕組み

深谷　定弘 著

職業訓練法人Ｈ＆Ａ

# ◇ 発行にあたって

　当法人では、人材育成に係る教材開発を手掛けており、本書は愛知県刈谷市にあります ARMS 株式会社（ARMS 研修センター）の新入社員研修を進行する上で使用するテキストとして編集いたしました。

　ARMS 研修センターの新入社員研修の教育プログラムでは、営業コースをはじめ、オフィスビジネスコース、機械加工コース、プレス溶接加工コース、樹脂加工コースなど全 18 種類の豊富なコースを提供しております。また、昨今の新型コロナウイルス感染拡大を受け、Zoom※でのネット受講でも使用できるように、できる限りわかりやすくまとめましたが、対面授業で使用するテキストを想定しているため、内容に不備があることもございます。その点、ご理解をいただければと思います。

　本書では新入社員研修の内容をご理解いただき、日本の将来を背負う新入社員の教育に役立てていただければ幸いです。

　最後に、本書の刊行に際して、ご多忙にもかかわらずご協力をいただいたご執筆者の方々に心から御礼申し上げます。

2021 年 3 月
職業訓練法人　H&A

※Zoom は、パソコンやスマートフォンを使って、セミナーやミーティングをオンラインで開催するために開発されたアプリです。

# ◇ 目次

## 第３章　会社の組織

## 第４章　会社の人材

## 第5章　会社の数字

# 第 1 章

# 会社とは何だろう

# 01　「会社」とは

　ふだんから私たちは、「会社」という言葉を何の疑問も不自然さを感じることもなく、当たり前の存在として使っています。

　改めて考えてみましょう。「会社」とは何なのでしょうか?

　会社が会社であるためには、

　　① 営利目的であること

　　② 人の集まる組織であること

　　③ 法人格を持っていること

という 3 つの条件を備えていければなりません。つまり会社とは、利益を得るために、人が集まり分担・協力する法人のことを言います。

## 1．儲からなければ会社じゃない

　会社は儲からなければなりません。

　儲からない会社には人は集まりません。儲かって初めて給料が払えるのですから、儲からない会社では給料も払えず、働く人々もその会社を辞めていきます。そんな状態では、会社はまともに事業を行えません。

　では、儲けるためにはどうしたら良いのでしょうか?　ポイントは 3 つあります。

### (1) 価値ある仕事をしていること

　会社は商品を売っています。商品には形のあるものとないものがあり、形のないものはサービスとも言います。お客様は会社の商品の価値を認めるので買ってくれます。価値のないものにお金を払う人はいません。つまり、会社が価値のある商品・サービスを作り出すと、お客様はお金を払ってくれます。その価値が高ければ高いほど、多くのお金を払ってくれます。

　儲けるためには、価値ある仕事をして、価値ある商品・サービスを提供しなければなりません。

### (2) その価値が多くの人に知られ評価されること

　せっかく価値ある商品を提供していても、たくさん売れなければ儲かりません。

　特に他社の商品とは違う特殊な商品、珍しい商品の場合は、そのことに気づきさえしない人が多くいます。せっかく高い価値の商品を用意したなら、たくさん買ってもらいましょう。また、他社と同等の商品を提供している会社も少なくありません。こういう会社こそ、その商品をたくさん買ってもらわないと儲かりません。

### （３）仕事の仕方が効率的であること

　同じ商品を提供する場合、いかにその商品を安く作れるかによって、その会社の儲けが変わってきます。低コストで効率良く仕事のできる会社は儲かりますが、効率が悪いと赤字になってしまいます。また他社から仕入れる場合、いかに安い価格で仕入れるかも重要な要素です。もちろん売る側はできるだけ高く売りたいと考えています。それを安く仕入れようとするのですから工夫が必要です。

　儲けるためには、効率の良い低コストの仕事の仕方をしなければなりません。

## ２．人が活躍していなければ会社じゃない

　成長している会社は、例外なく、そこで働く人たちに活気があります。儲かっている会社で働くことは楽しいのに対して、儲かっていない会社では働きがいを感じられません。活気のない会社では儲からないでしょうし、働く人たちが元気だと会社に勢いがつきます。

　また、人は助け合うことによって大きな力を発揮できるようになります。２人が一緒に力を合わせれば２倍の力に、３人だと３倍になるのは当たり前です。それだけではなく、うまく役割分担することによって 1+1 が２よりも大きな力に、人数合計以上の効果を生み出さなければなりません。それには、助け合う、協力し合う、という前提条件が必要です。

　会社の中でも、製品を作る人、商品を売る人、商品を開発する人、経理を担当する人など、役割分担があります。この分担に従って、範囲を絞り込んで専門性を高めたり得意分野を強化して、みんなで力を合わせれば、大きな力を発揮します。力を合わせて大きな力を発揮できることを実感すれば、働く人たちにも会社にも活気が出て、会社は成長し儲かるようになります。

　会社は、そこで働く人たちが元気に活躍していなければなりません。

## ３．法人でなければ会社じゃない

　次は法人格です。法人とは、法律によって人間と同様の権利や義務を持つ組織のことを言います。人間ではないのに、法「人」です。私たち人間は自然人として権利や義務を持ちますが、自然人ではないのに、自然人と同様に、例えば契約行為をする権利を持ったり、納税などの義務を負ったりします。

　なお、法人格を持っていない経営体、事業体も少なくありません。家族経営のお店や飲食店などでは、法人ではなく個人事業主として、中には従業員を雇って営利目的の経営を行っているところもあります。この場合、経営したり従業員を雇ったりするのはあくまで個人です。もし、後継者のいない個人事業主が経営を続けられない状態になった場合、経営も雇用も、この時点で終わってしまいます。

　でも法人であれば、そうはなりません。オーナーが株を売り払っても法人は継続しますし、例えば社長に何かが起こった場合、代わりの人が社長の業務を行います。

　個人が永遠に存続することはありませんが、法人は永遠に存続することが可能です。法人でなければ、会社ではありません。

## ４．成長しなければ会社じゃない

　会社には、もう1つ必要な要素があります。それは、会社は永遠に存続しなければならないということです。働いている従業員にとってはもちろんのことですが、株主にとっても、経営者にとっても、取引先や会社の商品・サービスを買ってくださるお客様にとっても、納税や雇用を期待する社会にとっても、誰にとっても会社がなくなってもらっては困るのです。

　会社が継続、存続するためには、成長し続けなければなりません。維持しているだけでは駄目なのです。その理由は2つあります。

　1つは、周りが成長するからです。世の中の人たちはみな、成長し続けます。昨日よりも今日、今日よりも明日は、もっと良くしようと頑張っています。もっと良い商品にできないか、不良品やミスを減らせないか、もっと効率良く作れないか、などなど、一生懸命です。そんな中で自分たちだけ現状維持では、周りにおいていかれます。停滞は後退なのです。

　もう1つの理由は不景気や天災の影響です。景気は良くなったり悪くなったりします。不景気になると、商品が売れなくなります。不景気が続いたり景気の落ち込みがひどかったりすると、どんな会社も経営が厳しくなります。厳しいときでも会社は存続しなければなりません。そのためにも会社は成長しなければなりません。天災の場合も同様です。

　一般的には大きな会社ほど不景気、天災への対応力があります。大きな会社ほど、販路が多かったり、工場や店舗が複数個所に分かれていたりしますし、そもそも経営体力も組織の知恵も、大きな会社は充実しています。

　会社は成長しなければなりません。

## ５．会社の設立

　ここからは、会社としての存在の基本的な手続きである、会社の設立について説明します。

　株式会社を設立するときの手続きの概要は図表 1-1 のとおりです。会社を設立するときの手続き自体は専門家にお願いすれば間違いはありません。会社の設立時に、会社が主体となって行うべきポイントは3つあります。

　ポイントの1つ目は定款（ていかん）です。定款は、商号、目的、本店所在地など、会社の基本的なルールです。いずれも、会社の意思で決めるべき事柄です。例えば、定款には「事業の目的」を書かなければならず、目的として書いていない事業を行うことはできません。従って、目的として書いていない新規事業に乗り出そうとする場合には、定款変更の手続き

が必要になります。

　2つ目のポイントは出資金です。会社が事業を行うためには、商品や材料を仕入れたり、工場や店舗、事務所などを構えたり、人件費を支払ったり、などの経費が発生します。これらの経費は、売上によって会社にお金が入ってくる前に必要になります。このためのお金が出資金、つまり会社が事業を行うための元手です。出資金は、全額を会社設立の発起人が出資するか、発起人以外からの出資者も募集して株式を引き受けてもらうかします。

　3つ目のポイントは役員の選任です。会社の設立時に会社の経営者である取締役を決めなければなりません。会社によっては監査役などの役員も必要になることがあります。

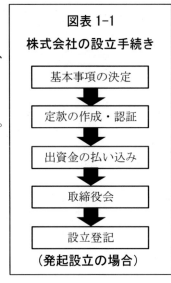

## 6．会社の倒産

　会社は継続しなければなりません。しかしながら、不幸にも倒産してしまうことがあります。自社の倒産だけが問題ではなく、取引先が倒産した場合でも多大な影響を受けることがあります。

　倒産とは、支払資金が不足するなどして、手形や小切手の支払期日が過ぎても支払えなくなった状態のことです。倒産処理には、図表1-2の5種類があります。倒産処理には再建に向かわせるものと清算に向かわせるものがあり、また法律に基づいて裁判所の監督下で行う法的整理と、法律によらずに話し合いで決着する私的整理があります。

図表 1-2　倒産処理の種類

| 法的整理 | 再建型 | 会社更生手続き | 経営が苦しくなった会社が申請し、再建の見込みがあると判断されると裁判所が管財人を選任し、株式会社の再建をめざす。 |
|---|---|---|---|
| | | 民事再生手続き | 経営が苦しくなった会社が申請し、再建の見込みがあると判断されると従来の経営陣が再建にあたる。 |
| | 清算型 | 破産 | 裁判所が破産管財人を選任し、会社の法人格を消滅させる。 |
| | | 特別清算 | 裁判所の監督下、財産状態が良くない株式会社を清算する。 |
| 私的整理 | | | 法律に基づかず、裁判所も関与せずに行う再建または清算する。 |

　蛇足ですが、立替金などを「精算」するとき、「清算」と書かないようにしましょう。会社で「清算」という用語は、主に倒産したときに使うことが多いからです。

# 02 会社の種類

会社にはいくつかの形態がありますが、実在する会社のほとんどは株式会社です。
そこで、最初に株式会社の生い立ち、よくある2つのパターンから説明しましょう。

## 1．こうして会社はできた

かつてのヨーロッパの人々にとって、アジアは魅力的な、でも遠い場所でした。

アジアの魅力は、紅茶や香辛料など、アジアならではの特産物があったことです。特に上流階級の人々にとって、お客様に紅茶や香辛料を振る舞うことは、立派なステータスになっていたことでしょう。ところがアジアまでの航海には、当時最先端の造船技術、航海技術だけでは十分でありませんでした。無事に帰ってこられる保証はなく、まさに命がけの冒険でした。しかも船や航海士、乗組員の確保のため、アジアまでの航海には大金が必要でした。

そこで一計を案じた人がいます。お金持ちからお金を集め、そのお金で船を買い、人を雇ってアジアまで航海をしたのです。これが東インド会社という、世界で最初の株式会社です。

株主は金持ちの上流階級です。この人たちはお金を出すだけで、会社の運営には関わりません。一方、東インド会社を運営し実務を担うのは、株主とは別の人たち、「経営者」です。経営者の中には、乗組員と一緒に船に乗ってアジアに向かう人もいたでしょうし、中には本社に残って仕事をした人もいたかもしれません。

アジアへの航海は一度限りのものではなく、何度も行き来します。だから株主は株を持ち続けます。株主たちは紅茶や香辛料を優先的に買い求めたことでしょう。また事故がなければ会社は儲かりますから、株主への配当もなされました。一方、事故が起これば高価な船は台無しですし、亡くなった乗組員への補償もしなければなりませんが、株主の責任は出資金の範囲内に限られます。損害額がどれだけ膨らんでも、株主は出資金が返ってこないだけのことです。これが無限責任であれば、上流階級の人たちは出資しなかったことでしょう。有限責任だから多額の出資が集まり、アジアとの貿易が盛んになったのです。

東インド会社が画期的だったのは、株主と経営者が分離されていたこと、株主の責任が有限であったこと、の2つです。

## 2．もう1つの会社のパターン「オーナー企業」

東インド会社は、たいへん大がかりな事例です。大規模な事業計画を実現するために出資者を募り、大きな投資をして、大勢の乗組員を雇うという、ハイリスク・ハイリターンの事

業を行う際に、リスクを分散して軽減することを狙いました。もともと株式会社は、このような大きなしかけを実現するために考えられた手法です。

これに対して、現在のわが国の株式会社の多くは「小さく生んで、大きく育てる」方式です。最初の段階では個人経営・家族経営から始まるか、あるいは最初から会社組織にするにしても最初は小規模にして少しずつ従業員を増やすかにします。会社組織にするのは、取引をするにも、人を雇うにも、お金を借りるにも、会社組織の方が信用が高まるためです。最初の段階では、所有と経営は分離されていません。オーナーが社長になり、社長が大株主です。所有権が世襲されるため経営権も世襲になることが多いでしょう。

そうしているうちに、大型工場が必要になったり、多店舗展開しようということになったりして、多額の資金が必要になることがあります。いよいよ株式上場です。株式の上場とは、市場で会社の株を売り出すことを言います。多額の資金が必要ということは会社が成長段階にあるわけですから、多くの人たちがこの会社は今後ますます発展するだろうと期待し、株を買い、株主になります。つまり株式の上場により、会社の所有権は大勢の人たちに分散されます。考えてみれば当然のことで、小さな会社は個人で所有できるとしても、大きな会社を個人が所有することは難しいでしょう。

この段階になると所有者と経営者は分離されます。生い立ちは異なりますが、結果は東インド会社と同様になります。

## 3. 会社といえば、まずは株式会社

株式会社の特徴の2つを確認します。

1つは、会社の所有者である「株主」と、社長など「経営者」が分離できることです。元々、株式会社は経営者が大きな仕事をするために出資者からお金を集めて株主としたところから始まっていました。

株式会社のもう1つの特徴は、出資者の責任が有限であることです。有限とは、会社が倒産した場合に株主が出資したお金以上の責任を問われることはないということを意味します。次項で説明するように、出資者の責任が出資したお金にとどまらず、それ以上の負担をしなければならない無限責任の会社もあります。

有限責任である株式会社は、株主が安心して出資できます。このため会社としては多額のお金（元手＝資本金）を集めやすくなるのです。

## 4. 株式会社以外の会社

会社には、図表1-3の5種類があります。

有限会社は、2006年の会社法施行まで設立が認められていました。それまでの株式会社は資本金が1,000万円以上であるなど制限が厳しかったことから、規模が大きいと株式会社、

小さいと有限会社、となっていました。会社法施行により最低資本金が1円になるなど株式会社の条件が緩和され、新たに有限会社を設立することはできなくなりました。それまでの有限会社は、特例有限会社として認められており、現在も多数の有限会社が継続しています。

　一方、合名会社、合資会社は出資者同士のつながりが強い会社です。出資者には無限責任の社員（株主のこと。従業員という意味ではありません）がいます。会社法施行に伴い、有限責任社員による合同会社が加わりました。

図表1-3　会社の種類と特徴

|  | 株式会社 | 有限会社 | 合同会社 | 合資会社 | 合名会社 |
|---|---|---|---|---|---|
| 出資者 | 株主 | 社員 | 有限責任社員 | 有限責任社員 無限責任社員 | 無限責任社員 |
| 出資者数 | 1人以上 |  |  | 2人以上 |  |
| 出資者の責任 | 出資額の範囲／有限責任 |  |  | 有限責任、無限責任が混在 | 無限責任 |
| 資本金 | 1円以上 | 300万円以上 | 1円以上 | 規定なし |  |
| 意思決定機関 | 株主総会 | 社員総会 | 全社員の同意 |  |  |

## 5．会社の分類方法

　会社については、この他にも分類方法があります。

### （1）大企業と中小企業、ベンチャー企業
　大企業と中小企業は従業員数や資本金を基準に、会社の規模で分類します。会社が大きくなるにつれて会社のしくみや分業がしっかりしてきて、競争力のある安定した経営ができるようになります。一方、中小企業は小回りの利く敏速で柔軟な意思決定が特徴です。なお、2019年の中小企業白書によれば、わが国の企業数に占める中小企業の割合は99.7％、従業者数の約70％を占めています。

　中小企業の中でも、商品・サービスや会社の経営のやり方に、これまでにない新しさ、創造性のある斬新な企業をベンチャー企業と言います。大学生や若い社会人が始めることもありますが、最近では会社や大学が新しい事業を始めるためにスタートする場合もあります。今の大企業も、元々はこのようなベンチャー企業でした。今ベンチャーとして活動し始めた会社の中から明日の大企業が育っていきます。

### （2）上場企業と非上場企業
　上場企業とは、株式を証券取引所で売買している会社のことを言います。出資者を広く集

められるので、資金調達がしやすくなり、会社の知名度も上がります。

　一方、投資家が安心して投資することができるよう、上場企業は法律や証券取引所の定めるルールに対応するため、四半期決算、会計監査などの手続き、コストが結構重い負担になります。また株主からは安定した収益を求められるため、長期的な視点での思い切った経営はしにくくなります。

　非上場企業は、上場企業のように厳しいルールが求められることはなく、経営の自由度が大きくなります。

### （3）公開会社と非公開会社

　日本の上場していない会社の大半は、株主になる際に会社の承認を必要としています。つまり、会社が認めた人でなければ株主になれません。このような会社のことを非公開会社と言います。

　非公開会社の多くは、オーナー会社です。オーナー会社とは、株主（オーナー）が経営している会社のことです。非公開会社は、オーナー会社が相続などの際に外部の知らない人に株主が渡ることを防ぐための制度です。経営判断を円滑に、迅速に進めるためのしくみです。一方、公開会社は客観的で公正な経営判断をしやすくなります。

## ６．所有と経営を分離するメリット、デメリット

　株式会社の特徴の１つが、所有と経営の分離です。とは言っても、多くの会社では創業者が株主になり経営者にもなります。つまりオーナー経営者です。その後オーナー会社が成長し規模が大きくなるにつれて、設備投資などのために多額の資金が必要になってきます。そこで資金調達のために上場企業になると、新たな株主が増え、所有と経営の分離が行われるようになります。あるいはオーナーの親族に後継者がおらず、やむを得ず所有と経営を分離せざるを得ない場合もあります。

　所有と経営の分離が株式会社の特徴だとはいうものの、所有と経営を分離した方が良いとは一概には言えません。

　所有と経営を分離することには大きな意味があります。まず、お金持ちだからといって経営能力が高いとは限りません。専門的な経営能力の高い人に経営を任せた方が良い成績が出やすいでしょう。また、オーナー経営者はワンマン経営になりやすくなります。所有と経営が分離されている会社の場合、経営者は株主の監視により経営に緊張感が生じるため、バランスの良い経営ができる可能性が高まります。

　一方で所有と経営を分離していないオーナー会社もたくさんあります。

　オーナー会社の最大の特徴は、会社が借金するとき多くのオーナー社長が連帯保証人になっていることです。

　会社経営では自己資金でまかなえない投資が必要になることは珍しくありません。このと

き、借金するのは会社という法人です。しかしその法人の信用が低い場合、金融機関は連帯保証人を求めます。株主の責任は有限で出資金の範囲に限られますが、連帯保証人の責任は借金全額に及ぶ無限責任です（無限といっても借金の額を超えることはありません）。

　こういう会社では、自分が経営していれば自分の財産を失ったとしても納得せざるを得ません。しかし、自分の財産がかかっている経営を他人に任せることはできないでしょう。オーナーの中には、会社と自分は一体で、会社は自分の人生そのものでもあるという人もいます。会社に対する強い思いが、大きな会社に対抗する強力なエンジンとして働いていることは珍しくありません。これがオーナー経営者ならではの強みです。

# 03 会社に求められるもの

　会社は利益を求める法人です。法人は社会的な存在です。社会人として、権利も与えられますが、義務も課せられます。また法人が利益を得るためには、取引相手に価値を与え、それを認められなければなりません。

　ここでは会社が社会の一員として果たすべき役割を確認します。

## 1．会社と社会

　私たち1人ひとりが社会の一員としての責任を果たさなければならないことと同様、会社も社会の一員としての責任を果たさなければなりません。

　税金を納めたり、法令を守ったりするのは最低限のことです。特に気をつけなければならないのは法令順守です。まず個人情報の保護です。お客様情報の入った USB メモリーを紛失などしたら大変なことです。個人情報、営業秘密（企業秘密）などは安易に持ち出さない、持ち歩かないようにした方が良いでしょう。

　また、商品の表示などに間違いは認められません。以前、食品の材料や日付の偽装表示が問題になったことがありました。故意であればもちろん大問題ですが、過失であっても許されません。100 グラムだと思って買った商品が 95 グラムしかなかったとしたら、秤が壊れていたとしても許していただける話ではありません。

　地域との関係も重要です。地元からの従業員採用は大きな地域貢献になります。一方、騒音などで近隣に迷惑をかけていることはありませんか？　ある工場で、夜中の騒音に関する苦情を受けました。調べてみたら、トラックへの積み込み作業の際、金属器具を荷台に不用意にぶつけていました。当人たちに悪気はなく、まさか苦情が来るとは思ってもいなかった

ようでしたが、だからこそ気をつけなければなりません。

　また、ある会社の従業員は右折しないコースを選んで通勤しているそうです。右折は渋滞の元になり、近所に迷惑をかけるからです。これに対して、夜勤のために出勤する従業員が、遅刻しそうだからと前の車をあおるような運転をして苦情を受けた会社もあります。ささいなことの積み重ねが大きな違いになってしまいます。

　地域との関わりにおいては、地域向けのイベントを行うとか、寄付をするとか、いわゆる「近所付き合い」も確かに大事ですが、それ以上に、会社や従業員のふだんの行動、姿勢、価値観が重要です。

　車を運転していて信号が黄色に変わったとき、「これなら止まれる」と思うか、「まだ行ける」と思うかはわずかな違いです。でも「まだ行ける」という判断を繰り返す車を見ている歩行者は、良い印象を持ちません。地域の人たちは冷静にあなたの会社を見ています。

## ２．会社と消費者

　会社の商品には、2つのパターンがあります。生活用品など一般消費者を対象にする場合と、部品など特定の企業しか使わない商品の場合です。

　一般的に、特定の企業しか使わない商品の場合、相手企業の交渉力は強く、プレッシャーはかかりますが、顧客のニーズは明確です。一般消費者の場合は、直接的な交渉力が働くことはありませんが、消費者の声が直接聞こえることはほとんどなく、ニーズが明確になりません。気がついたときには顧客の気持ちが離れていた、ということもあり得ます。

　従って、消費者との関係には細心の注意を払わなければなりません。ポイントは 2 つあります。

　1 つは、商品そのものです。商品・サービスは、品質、機能、性能、価格など総合的に価値を認められなければなりません。商品の価値は、提供する側である会社の基準によるものではなく、買い求める側である消費者の判断によるものでなければなりません。どのようにしてお客様の声を集めるかということと、商品特性に応じた方法を工夫することが重要です。

　もう 1 つのポイントは、お買い求めいただいた後のフォローです。

　特にお客様相談室など質問や苦情に対応するしくみは、お客様の生の声を聞けるチャンスです。有効に活用しましょう。

## ３．会社と取引先

　基本的に、取引はギブ＆テイク、持ちつ持たれつ、対等な関係でなければなりません。商品を買ってお金を支払う側も、その商品の価値や存在意義を認めているわけですから、その商品がないと困る、または商品があって助かっている面があります。「お客様は神様です」という言葉がありますから、そのように対応しなければならない場合もあります。しかし売り

手が神様に媚びへつらってしまいかねないことが問題です。買い手と売り手が主従関係のようになってしまうと、肝心の商品・サービス以外のところに関心が集中してしまいます。本来なら商品が改善され、取引が拡大するべきところなのに、変な人間関係や感情問題が邪魔をして、取引が良い方向に発展しなくなってしまいます。

　逆に買う側の立場のときは、問題はいっそう大きくなります。仕入先に対して、自分が神様になってはなりません。相手によっては、まるで自分が神様にでもなったかのような勘違いをさせる場合があります。冷静に考えれば、不自然な状態だと気づくはずです。

　私の経験則では、「お客様は神様」という価値観の営業担当者は、たいてい営業成績が上がりません。おそらく、神様に嫌われないこと、神様におべんちゃらを言って気に入られることを優先する結果、取引によってお客様に貢献するという意識が弱くなっているように思います。おごらず、必要以上にへりくだらず、正々堂々と正面から仕事に取り組みたいものです。

# 第 2 章

## 会社の経営

# 01 戦略を立てる

## 1. 経営戦略

　会社の仕事は、よく「戦い」に例えられます。命のやり取りをするわけではありませんが、競争は激しく、少しでも油断すれば取り残され、会社の存続にも影響しかねません。どの会社も本気で戦っているのは事実でしょう。

　戦いをするには、作戦が重要です。例えば戦国時代、確かに刀や槍の技術は重要ですが、いくら刀や槍が上手でも、火縄銃にはかないません。火縄銃も今の鉄砲のように連射はできません。そこで織田信長は鉄砲隊を3組に分けて待機時間を3分の1に縮めるとともに馬防柵を作って武田の騎馬隊を足止めしました。

　そもそも、信長としては武田と戦うことが重要なのではありません。武田が攻め込んでくることは気になりますが、重要なのは京都です。そのために秀吉、家康などの家臣をどう配置し、どんな役割を担わせるかを間違えるわけにはいきません。その上で必要とあれば自らが武田に立ち向かっているのです。

　会社の仕事も同様です。まずは全体の作戦です。これを間違えてしまっては、勝てるものも勝てなくなってしまいます。会社としてどういうところで、どういう人を対象に、どう戦うのかという「経営戦略」が重要です。

　例えば、お客様に強いニーズがあり、そこに自社独特の強みがあるとすれば、戦い方は明らかです。いかにして自社の強みでお客様のニーズをつかまえるかが勝負です。もし、その戦いを進める上で障害や弱みがあるなら、うまく対処する方法はないか、徹底的に考えます。そうすると成功への道筋が見えてきます。それが経営戦略です。

　勝つための「経営戦略」を立てるのが経営者の役割だとすれば、その次の「戦術」は管理者の仕事です。管理者として与えられた役割の中での、ベストな現場の作戦です。部門戦略とも言います。

　その上で、現場の「戦闘」です。先ほど、刀や槍は鉄砲にはかなわないと述べましたが、実は会社と会社の間で差がつくのは、意外なことに戦闘能力です。見事な経営戦略は、なんとなくでも真似できそうな部分があり得ます。ところが、現場の力は、なかなか真似できません。刀や槍が弱くては戦になりませんが、だからといって急に強くなれるものではありません。トヨタの現場の改善力も、スタバの笑顔も、良いとわかっていてもなかなか真似できません。こういう底力のある会社は、経営戦略の選択肢が増えます。

　でも経営戦略を間違えると、いくら現場に力があっても勝てません。戦略のミスは取り返しがつきません。

## ２．会社の戦略と私の戦略

　戦略は仕事をする上で重要な要素です。会社にとっても、部署にとっても、そして個人の仕事にとっても重要です。成果をあげ、成功するためには、良い戦略が欠かせません。

　当然ですが、立場や仕事の内容に応じて、戦略は変わります。ある会社では新商品開発が重要なテーマになっているとき、営業担当者の戦略が「いかに画期的な新商品を開発するか」にはなりません。新商品開発のヒントとなる市場ニーズの収集や、新商品の販売促進のための戦略策定は必要だとしても、もしかしたらその担当者にとっては既存の期待商品の売上拡大の方がはるかに重要なテーマで、そのための戦略を優先すべきかもしれません。

　大事なことは、全社の戦略に基づく部門の戦略、さらに個人の戦略がうまく連動しているかどうかです。会社をあげて皆が同じ方向を向いているとき、会社は最も強くなりますし、うまく役割分担していれば、さらに勢いがつきます。一般的に、部門の戦略は全社の戦術に相当することが多いでしょう。個人の戦略は、部門の戦術、会社にとっては戦闘に位置づけられます。営業力をどう高めるか、効果的な営業をするにはどうしたら良いか、というテーマは、営業担当者にとっては戦略レベルですし、会社にとっては戦闘レベルのテーマになります。レベルはともかく、ポイントは会社の戦略が部門戦略を経て個人の戦略まで連動し、1つの塊となって力強く機能しているかどうかです。

　また戦略策定は、やってみると意外にうまくいきません。

　本来、戦略とは「よし、これなら勝てそうだ」という道筋が見えてくるもののことを言います。そうでなければ、戦略としての価値がありません。戦略を立てても本気になれず、机の引き出しにしまっておき、言われたときに引っ張り出すということになりかねません。勝てそうなプログラムであれば引き出しにしまっておくはずはなく、本気になって取り組みます。本気になって取り組めるような戦略策定には訓練が必要です。

　以下、会社の戦略づくりのコツを紹介します。自分の仕事の戦略づくりに置き換えて参考にしてください。

## ３．経営戦略策定のプロセス

経営戦略の策定には「定石」があります。

基本的なプロセスは図表 2-1 のとおりです。

**図表 2-1　戦略策定プロセス**

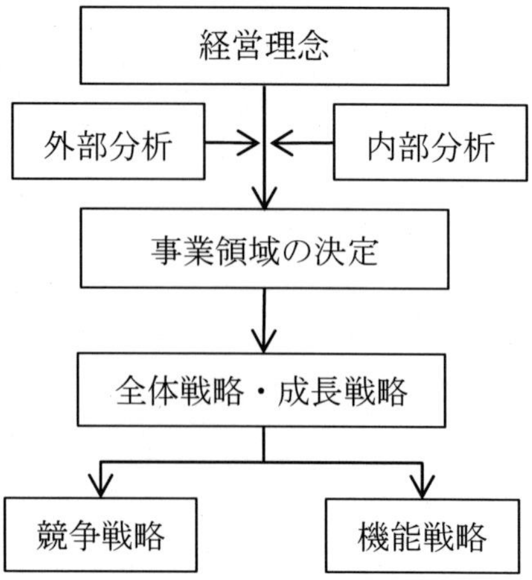

```
              ┌──────────────┐
              │   経営理念    │
              └──────────────┘
   ┌──────────┐         ┌──────────┐
   │  外部分析 │ →   ← │  内部分析 │
   └──────────┘         └──────────┘
              ┌──────────────┐
              │ 事業領域の決定 │
              └──────────────┘
              ┌──────────────┐
              │全体戦略・成長戦略│
              └──────────────┘
   ┌──────────┐         ┌──────────┐
   │  競争戦略 │         │  機能戦略 │
   └──────────┘         └──────────┘
```

## ４．経営理念

　会社は儲けなければなりません。しかし儲けることを目的にすべきではありません。会社が社会のため、顧客のために貢献した結果として儲けがついてきます。会社の従業員も、単なる金儲けのためだけでは疲れてしまいます。そこに、お金だけではなく「思い」「信念」があるからこそ、会社は強くなります。

　経営理念とは「思い」「信念」の共有です。会社がどんなことに取り組むのか、なぜそのことに取り組むのか、取り組むときの価値観、判断基準は何なのか、ということが社内で共有されると、その会社は俄然強くなります。

　例えば、スターバックスコーヒー（スタバ）です。スタバで働く人たちは、心の底からの笑顔で働いています。そこで働くことが「うれしくて楽しくて仕方がない」と感じさせてくれる笑顔です。従業員は特別な報酬をもらっているわけではありません。むしろこの人たちよりも稼いでいる喫茶店関係者も少なからずいるでしょう。

　スタバには、Our Mission and Values という理念があり、これが働き始めたばかりの従業員にも浸透し、具体的な行動に現れています。なぜなら、この理念に共感する人たちが従業員になりたいと応募してくるからです。

　スタバが一般の会社と違うのは、従業員の笑顔や行動が表面的に作られたものではなく、お客様のためにという意識が自然に言動に現れている点にあります。

　この原点は経営理念です。だから経営理念は重要なのです。

# 5．SWOT 分析

　戦略は基本的に、自分が置かれた状況と自分の状況・実力で決まります。

　例えば、これから IT 関連は重要度が高まるでしょう。自分が IT に強ければ、チャンスを活かして活躍できる場がたくさんあります。一方、アパレルでも普及品クラスのものは海外生産が定番です。国内の工場で普及品しか作れないとしたら、縮小・撤退するか、もしくは高級ブランド品を作れるように技術や販路を構築する必要があります。

　こういう分析が SWOT 分析です。

## （1）SWOT 分析とは

　SWOT とは、それぞれ Strength（強み）、Weakness（弱み）、Opportunity（機会）、Threat（脅威）の頭文字をとった略語です（図表 2-2）。SWOT 分析とは、外部環境要因と自分の経営資源を客観的かつ総合的に俯瞰するための手法です。全体の状況が把握できれば、基本的な戦略を間違えることは少ないでしょう。競争の激しいビジネス社会で戦っていこうとするときに、全体の状況を読み間違えるわけにはいきません。

図表 2-2　SWOT 分析

| | プラス材料 | マイナス材料 |
|---|---|---|
| 内部資源 | Strength（強み）<br>競合他社・同業者と比較して、自分の優れていること、得意なこと。 | Weakness（弱み）<br>競合他社・同業者と比較して、自分の苦手なこと、劣っていること。 |
| 外部環境 | Opportunity（機会）<br>自分を取り巻く状況のうち、自分にも、業界・競合他社にも有利な材料。 | Threat（脅威）<br>自分を取り巻く状況のうち、自分にも、業界・競合他社にも不利な材料。 |

## （2）SWOT マトリクス

　SWOT 分析をしたら、その要素を図表 2-3 のように並び替えます。

　基本的な戦略は、S×O「強みで機会を捕まえる」です。例えば、IT 関連ならどういう分野でどういう需要が見込まれるのか、そのうち、自分はどの分野でどう活躍するとその機会を捕まえることができるのか、について考えます。これが基本戦略です。S×O で戦い勝ち抜いていけるなら、少なくとも戦略レベルで弱みや脅威にこだわる必要はありません。万能をめざす努力をするより、S×O でダントツをめざすのが戦略です。しかし、脅威を無視できない場合もあります。この場合は S×T、強みを活かした対策を考えなければならないでしょう。また、弱みを解消する必要がある場合、または弱みを解消できる機会が訪れる場合もあるかもしれません。これは W×O です。W×T は、原則として縮小・撤退すべきでしょう。

　SWOT 分析では、SWOT が網羅的であることが望ましく、大きな抜け漏れがあると判断を

間違えてしまいます。でも微に入り細に入りすべての要因を拾い出す必要はありません。大局的に全体を見渡して判断できることが重要です。

　SWOT マトリクスの検討により、戦略の方向性が見えてきます。そうしたら、次に事業領域を明確にします。「誰に」「何を」「どのように」提供するのか、です（図表 2-4）。

図表 2-3　SWOT マトリクス

| | | O機会 | T脅威 |
|---|---|---|---|
| | | ・<br>・<br>・ | ・<br>・<br>・ |
| S<br>強<br>み | ・<br>・<br>・ | | |
| W<br>弱<br>み | ・<br>・<br>・ | | |

図表 2-4　事業領域の決定

| 誰に | 想定する市場・顧客 |
|---|---|
| 何を | 顧客に提供する機能 |
| どのように | 提供のための技術・ノウハウ |

# 6．全体戦略（成長戦略）

　戦略の方向性が見えてきたら会社全体の戦略を考えます。会社が永続的であるためには成長しなければなりませんから、全体戦略とは成長戦略です。

　ここでは、実際に成長するためのポイントを紹介します。

## （1）商品・市場マトリクス

　会社が成長するための方向性を考えるのに役立つのが、製品・市場マトリクスです（図表 2-5）。成長ベクトルとも言います。

　基本は、今の市場で今の商品の売上を増やす【市場浸透戦略】です。既存市場で認知度を高めたり良さを知ってもらったりして売上を拡大します。【新市場開拓戦略】は、現行の商品で新市場を開拓します。新しい営業拠点を作る、店舗を増やす、海外に進出するなどです。幼児用の商品を高齢者用に転用することも該当します。良い商品であれば市場を限定する必要はなく、新しい市場でも受け入れてもらえるでしょう。【新商品開発戦略】は、今のお客様

に新商品を提供します。今のお客様は自社の商品を理解してくれていますから、新しい商品を受け入れてくれやすいでしょう。新しい商品を新しい市場に投入するのが【多角化戦略】です。この戦略は、魅力的な市場に自社の技術を応用できる場合に採用されます。例えば、健康食品とか、化粧品、医薬品などです。

　新しい市場、新しい商品は、既存のものに比べて取り組みが難しくなります。特に多角化戦略では大きなリスクを取らなければなりません。だからといって既存市場、既存商品にこだわっていては、衰退しかねません。成長のためには、新しい市場、新しい商品に取り組むチャレンジが欠かせません。

**図表 2-5　商品・市場マトリクス**

|  | 既存商品 | 新商品 |
|---|---|---|
| 既存市場 | 【市場浸透戦略】<br>既存市場で既存商品を浸透させ売上を拡大する | 【新商品開発戦略】<br>新たに開発した商品を既存市場に投入する |
| 新市場 | 【新市場開拓戦略】<br>既存商品で新しい市場を開拓する | 【多角化戦略】<br>新たに開発した商品を、新しい市場に投入する |

### （2）商品ライフサイクル

　新しい市場、新しい商品に取り組まなければならない理由が、商品ライフサイクル（図表2-6）です。商品にはライフサイクルがあります。新商品を発売すると成長期には売上が拡大します。成長期には新規参入もあり、市場が飽和し、成熟期に入り、やがて衰退します。利益に関しては、開発期から導入期にかけては赤字です。その後は黒字になり、成熟期に入る頃が最大利益、その後利益は減少します。

　もちろん、途中で製品にテコ入れすることなどにより、ライフサイクルのカーブは変わります。はっきりしていることは、ヒット商品もいつかは廃れるということです。ですから今の商品で稼げているうちに、新しい商品の開発、新しい市場への進出が必要になります。

**図表 2-6　商品ライフサイクル**

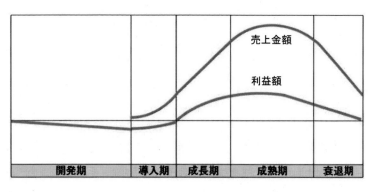

## （3）PPM（プロダクト・ポートフォリオ・マネジメント）分析

多くの会社は、製品が1つではありません。いくつかの製品を組み合わせています。儲かっている製品もあれば、今は儲からないけれども将来期待できる製品、将来のために育てていくべき製品もあるでしょう。このような製品を組み合わせて経営する手法がPPM分析です。

PPM分析（図表2-7）では、市場成長率と市場シェアという2つの軸で製品を評価します。

新商品の多くは成長市場に投入します。この段階ではシェアは低いので「問題児」からのスタートです。問題児のテーマは市場シェアの拡大です。成功すれば「花形」になりますが、この段階ではシェア拡大のために投資しなければならないので利益は大きくありません。そのうち、この市場が安定してきて市場成長が下がってくると「金のなる木」になり、やがて製品は衰退し「負け犬」になります。

ポイントはお金です。概して、市場の成長率が高いと魅力ある市場での競争が激しくなり、お金が必要になります。また市場シェアが高い会社は生産も販売も効率が良くなり稼げます。最も稼げるのは、金のなる木です。このお金をどこに投入するかが経営判断です。問題児を花形に成長させるため、花形をもっと強くするため、金のなる木を維持するため、あるいは金のなる木の市場をもう1度成長させるという選択肢もあるかもしれません。

重要なことは、複数の製品を組み合わせることにより、どこかで稼ぎながら次の投資をして会社が成長し続けることです。

### 図表 2-7　PPM 分析

| 市場成長率 高 | ☆　花形 | 問題児　？ |
|---|---|---|
| | $　金のなる木 | 負け犬　× |
| 低 | | |
| | 高　　　　　　市場シェア　　　　　　低 | |

# 7．競争戦略

成長戦略は会社全体の戦略であるのに対して、競争戦略は事業部門の戦略です。

## （1）5つの力

図表2-8は、会社の競争環境を分析する手法です。

会社には、5つの力が働いています。1つは業界内の競合。誰もが意識する目に見える直接の競合先です。2つ目は新規参入企業。魅力的な業界には新規参入の機会をうかがう企業が増

えます。3つ目は代替品です。音楽用 CD はネットでの配信に置き換わりつつあります。代替品は単にモノが代わるだけでなく主導する業界が代わってしまうところもポイントです。4つ目が買い手の圧力です。モノがあふれると買い手の交渉力が強くなり圧力が増します。最後は売り手の圧力です。特に売り手が少ないときとか、買う量が少なく売り手にとって重要な顧客でない場合には、売り手の立場が強くなります。

　競争相手はいろいろなところにいることを理解し、分析しておく必要があります。

図表 2-8　5つの力

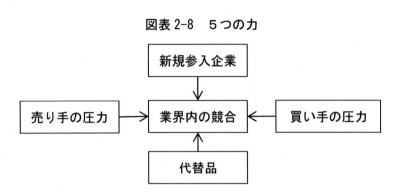

**（2）競争優位の戦略**

　では競争に勝ち抜くためには、どうしたら良いのでしょうか？

　1つのヒントが競争優位の戦略です（図表 2-9）。

　自動車業界の例で見てみましょう。コスト・リーダーシップ戦略をとっているのはトヨタ自動車です。この戦略は、安売りをするという意味ではありません。市場全体を対象にする規模の大きな企業が、徹底的にコストを引き下げて競争力を高める戦略です。差別化戦略の例は BMW Japan でしょう。サイズは大型から小型まで揃えていますが、いずれもスポーティで特徴を出しています。コスト集中戦略はスズキでしょう。軽自動車に絞り込みながら、コスト削減を徹底しています。差別化集中戦略の例は SUBARU です。車種は多くありませんが、特殊なエンジンの4輪駆動車に絞り込んで特徴を出しています。

　今やどのメーカーも性能や品質は良くて当たり前。その中で競争を勝ち抜くために、各社それぞれの強みを作っています。

図表 2-9　競争優位の戦略

| | | 競争優位のタイプ | |
|---|---|---|---|
| | | 低コスト | 特異性 |
| 対象 | 全体 | コスト・リーダーシップ戦略 | 差別化戦略 |
| | | 業界の市場全体を対象に、コスト競争力で競争に打ち勝つ戦略 | 業界の市場全体を対象に、何らかの特徴を持って競合他社と差別化する戦略 |
| | 一部 | コスト集中戦略 | 差別化集中戦略 |
| | | 特定の市場を対象に、コスト競争力で競争に打ち勝つ戦略 | 特定の市場を対象に、差別化して競争に打ち勝つ戦略 |

## （３）競争上の地位による競争戦略

　同じ業界の中における企業は、その位置づけによって、リーダー、チャレンジャー、フォロワー、ニッチャーに分けられます（図表 2-10）。それぞれの地位ごとに「定石」があります。

### ≪１≫ リーダー

　リーダーは現在の地位の維持、シェアの拡大をめざします。そのためには、市場全体がターゲットです。需要が拡大すればトップシェアの強みが活かせます。一方、価格競争で最大のダメージを受けるので価格競争は回避します。同質化すれば規模が有利に働きます。

### ≪２≫ チャレンジャー

　業界２番手で、トップの企業を追いかけます。リーダーに真っ向から勝負を挑むと体力負けする危険があるため、基本は差別化戦略です。シェアの低さをカバーするため、全市場を対象とせず、一部を捨てることが有効な場合があります。

### ≪３≫ フォロワー

　トップ企業には挑戦せず、追従する企業です。あまり目立たずに着実に利潤をあげる戦略になります。

### ≪４≫ ニッチャー

　市場を絞り込んで、その中のリーダーを狙います。小さい市場は大企業にとって魅力的でない場合があるので狙い目になります。

図表 2-10　競争上の地位による競争戦略

| 地位 | リーダー | チャレンジャー | フォロワー | ニッチャー |
|---|---|---|---|---|
| シェア | トップ | 業界２番手 | 業界３番手以下 | 限定市場に集中 |
| 目標 | 最大シェア、最大利潤、名声 | 市場シェアの拡大 | 生存利潤 | 利潤、名声 |
| 基本方針 | 全方位戦略<br>周辺需要拡大<br>非価格競争<br>同質化 | 差別化<br>リーダーができないこと | 模倣 | 集中戦略 |
| ターゲット | 市場全体 | ほぼ市場全体 | 低価格志向の市場 | 特定の狭い市場 |

# 02 計画を立て、実行

## 1. 経営目標と経営計画

　経営戦略を策定したら、次は経営目標の設定です。いつまでにどうするかについて決めます。「笑顔のあふれるお店にしたい」「お客様に喜ばれる製品を作る」などの抽象的な目標では、できたのかできていないのかわかりませんので経営目標としてはふさわしくありません。誰がいつ見ても同じ判断ができるよう、数値化などにより具体的にすることが望まれます。

　経営目標を定めたら、目標を実現するための計画を立てます。計画には細分化した上で具体化することが必要です。細分化の1つは役割の細分化です。もう1つは時間の細分化です。この細分化ができていれば、計画が具体的になります。

　ある新製品開発を例に考えてみましょう。この開発には、①お客様のどんなニーズに対応するのか、②製品開発にはどんな新技術が必要なのか、③製品を作るためには工場や生産体制にどんな手を加えなければならないのか、④新しい原材料が必要なら調達はどうするのか、⑤既存の販路でいくのか新販路を開拓するのか、⑥どんな宣伝広告が必要か、⑦資金はどれだけ必要でどう調達するのかなど、検討しなければならないことがたくさんあります。そのためには、部門ごと責任者・担当者ごとに役割分担をして取り組むことになるでしょう。これが役割の細分化です。

　また時間の細分化も重要です。1年後に発売するぞ、となれば、それまでに何をいつするのかを見通しておかなければなりません。さきほどの製品開発の事例の場合、お客様のニーズを絞り込む前に原材料や宣伝方法を決めるのはナンセンスで、順番が重要です。ということは、1年後から逆算して、何をいつまでにしなければならないか考えると、より効果的な計画になります。

　経営計画は、本来は1商品の開発に限る話ではなく、会社として3年後、または5年後、どうあるべきか、というものです。この目標に向かって、役割、時間を細分化しながら、具体的な経営計画を作ります。

　経営計画の完成度を見るためには、2つの視点でチェックすることが必要です。

　1つは「これで具体的に行動できるか」です。内容が抽象的だと具体的な行動に結びつきません。戦略や計画には意気込みが不可欠ですが、意気込みだけでは動きません。最終的には部門ごと、責任者や担当者ごとの行動計画に連動しますが、その前に経営者レベルでの具体性を高めなければなりません。この段階が抽象的だったりあいまいだったりすると、下位への展開がうまく進みません。部下が本気で「よし、やってみよう」となるかならないかです。部下が上司に忖度して「はい、やります」と言っただけでは、途中で止まってしまいかねま

せん。もちろん、どんな計画でも途中で問題は発生しますが、最初からできるだけ納得性の高い計画を立てる必要があります。

　もう１つのチェックは、この計画を実行すれば、所期の目的・目標が達成できるか、です。それぞれの部門や担当者は実行したが、目標を達成できなかったということにならないか、です。つまり経営計画の中に無理や飛躍がないか、それがあれば、さらに具体化、細分化しましょう、ということになります。

　経営計画の完成度が低いと、問題は先送りされ部下に引き継がれます。当然ですが、その部下は目標を達成できません。上司は部下の人事評価を下げれば済むかもしれませんが、会社としては目標未達成で終わってしまいます。

　できるだけ完成度の高い経営計画をめざし、実行段階で問題が発生したら早く対応し、計画の修正・具体化を行いましょう。

## ２．アウトソーシング

　アウトソーシングとは、社外の経営資源を活用することです。外部からの購入、外部委託のことです。例えば人材派遣もアウトソーシングの１つです。

　アウトソーシングには、いくつか目的があります。

### （１）時間を買う

　アウトソーシングしなくてもすべての業務を自社でこなすことは可能でしょう。ただ、販売が急増し生産能力を超えてしまった場合には、自社で工場を投資するより、他社の生産能力を使った方が早く対応できます。

　技術にしても、本来は自社で技術を開発し能力を高めるべきですが、技術を持っている会社があれば、そこに頼む方が早いでしょう。

### （２）能力を買う

　アウトソーシングで多いのは物流です。たいていの会社は、大型トラックを自前で持つより、専門の運送会社に任せるべきでしょう。また、自動車会社はタイヤを作っていません。それはタイヤを作れる能力や可能性がないからではありません。自分たちで作るより、今あるタイヤメーカーに頼んだ方が良いと判断しているからです。さらに、任天堂は Nintendo Switch、などのゲーム機器を販売していますが、ゲーム機器の工場は持っていません。iPhone などを販売している Apple も、生産は外部委託です。特殊な技術、品質、生産コストなど、自社でやるよりも上手にやれる会社や工場があるなら、全部の能力を自前で揃えなくても外部に任せた方が良いという経営判断です。

### （３）コストを下げる

　一時的な特需（特殊な需要）に対応するためには、全部自前でやるのではなく、アウトソー

シングを活用した方が効率的でコストも下がります。例えば多量のデータをキーボード入力しなければならない場合、慣れている専門家に頼んだ方が、結局は安く上がります。

アウトソーシングできる業種や職種は、どんどん増えています。食品スーパーなど小売店の負担になっている棚卸業務を外注する事例も増えてきましたし、今では家事もアウトソーシングができます。

アウトソーシングには注意事項があります。それは、自社の存在価値を失わないことです。Apple も任天堂も、製造はアウトソーシングですが、商品の設計、開発、関連するソフトウェアの企画、販売などは自前でやります。自社は他社が真似できない業務に集中し、自社の優位性を保ち続け、誰でもやれることは自前でやらないという事例が増えています。

一方で、物流会社や Apple の下請製造をする会社は、その仕事に関して競合他社に負けない、絶対的な強みの構築に真剣になっています。これは結局、委託先の競争力を高めることにもつながっているのです。

## 3．ＩＴ経営

IT は、確実に仕事の仕方を変えています。

典型的なのは会計処理です。コンピュータが普及する前は、複写式の手書き伝票と、その他の帳票への転記で処理し、算盤で計算していました。算盤を使っていたのは、慣れると電卓より速く、計算ミスにも気づきやすいからです。

これがコンピュータの普及により一変しました。受注時に入力すれば、二度と同じデータを打ち込むことなく、決算まで連続的・自動的に処理できます。

食品スーパーを見ても、以前は商品に貼ってある値札を見てレジで計算していましたが、今は値札が棚に貼ってあるだけで、レジではバーコードを POS の機械でスキャンするだけで終わってしまいます。

今後の IT は、大きく2つの点で変わります。

1つは、コンピュータとモノがネットでつながること、いわゆる IoT（インターネット・オブ・シングス、モノのインターネット）です。これにより、モノの情報をコンピュータに集めることができるようになり、モノを制御したり膨大な関連データ（ビッグデータ）を集めたりできるようになります。

もう1つは、その膨大なデータをコンピュータが自動処理するようになること。いわゆる AI（アーティフィシャル・インテリジェンス、人工知能）です。自動車の自動運転が典型です。走っている車や道路から多量のデータを集め、人工知能が判断して車を走らせます。おそらく、自動運転で交通事故が激減する世の中は遠くないでしょう。

これまでコンピュータを使うためには入力業務が必要でした。今の POS レジが普及する前は、レジで1品ずつ単価を打ち込んでいました。今では精算するためにスキャンするだけで、

何がどれだけ売れたかという売上データが得られるようになりました。IoT により、こういう現象が加速的に増えます。まさにビッグデータです。

　問題は、そのビッグデータをどう活用するかです。AI でバラ色の世の中が訪れるかというと、残念ながらそうはなりません。自動で運転するのはコンピュータですが、それを設計するのは人間だからです。少なくともビジネスにおいては、どんなデータを使ってどう企画・設計するかが勝負の分かれ目です。

　多くのデータがあると分析の精度は間違いなく高まります。ではデータが多いと精度良く分析できるか、というとそうはなりません。

　人間がコンピュータに使われる時代にでもなるならともかく、それまではデータの収集と活用がビジネスの成果に大きく影響するでしょう。

## ４．リストラ

　リストラとは、リストラクチャリング、事業再構築のことを言います。

　世の中はめまぐるしく動いています。これまで売れていた商品が急に売れなくなったり、思いもよらない新商品が出てきたりします。

　例えば、カメラのフィルムは、ほぼなくなってしまいました。デジタルカメラ（デジカメ）に置き換わったからです。そのデジカメもポケット式のものはスマートフォンに駆逐されてしまい、高性能の一眼レフしか残っていません。しかもデジカメの主役はカメラメーカーから家電メーカーに移っています。かつてのフィルムメーカー、カメラメーカーにとっては市場そのものが消えてしまったようなものです。

　こういうことはどの業界でも起こりうることです。日本の産業のリーダーも、繊維産業から鉄鋼、化学を経て家電、自動車へと移り、こういう現象はこれからますます加速すると予想されます。つまり、これまでの仕事が減少し、なくなってしまうことさえあるのです。

　そこで会社はどうするか？

　かつてのカメラメーカー、フィルムメーカーは、今では化粧品や医薬品、複写機、医療機器メーカーとして活躍しています。これが事業の再構築です。従来の事業を縮小し、新しい事業を展開していくのです。当然、そこで働く人の仕事も変わっていきます。ただ、いきなり縁もゆかりもない事業を始めるのではなく、フィルムで蓄積した化学技術を化粧品に応用したり、カメラで培った光学技術を複写機や医療機器に流用したりしています。これが本来のリストラ、事業の再構築です。

　残念なことに、新事業への転換がうまく進まず、不調な事業から撤退して儲かっている事業だけ残し、撤退する事業の人員を削減するリストラの事例もあります。

　進化論を唱えたダーウィンが「生き残るのは、最も強い者ではない。最も賢いものでもない。最も変化に対応できる者である」という名言を残しています。既存の事業に固執せず、常に新しいことに取り組む姿勢が重要です。

# 03 品質管理

　今、会社がお客様に提供する商品に最も求められるものは品質でしょう。製造業では産出の3要素としてQCD（Quality＝品質、Cost＝原価・価格、Delivery＝納期）が重要視され、中でも品質は最優先です。ここでの品質とは、高級品か、低価格品か、という意味ではありません。お客様は、高級品には高級品なりの品質を期待しますし、低価格品には低価格品としての品質を想定します。問題は、想定や期待を裏切らない品質の商品を提供することです。期待を裏切ると、お客様は他社の商品を選ぶようになり、2度と買ってはもらえなくなってしまいます。品質管理は、会社の生命線であるわけです。

　多くの会社では、品質管理の部署や担当者を配置するようになりました。さらに最近では品質管理から1歩進んで品質保証を掲げる会社が増えてきました。

　では、どうやって品質を管理するのか、見ていきましょう。

## 1．品質管理とは

### （1）不良品を出荷しない

　私たちが買い物をしたとき、今でもたまに初期不良が発生します。せっかく買ったパソコンの調子が悪い、という場合です。めったにあることではありませんが、たまにであれ何であれ、買った人にとってはそれがすべてですから困ってしまいます。こんなとき販売店に申し出ると、意外にあっさり別の新品と交換してくれたりします。買った人の問題はとりあえず解決しますが、気分の良い話ではありません。だからこそ作った側にとっても問題で、深刻な悩みになります。

　一定の許容範囲を下回る商品を提供するわけにはいかないのです。

### （2）出荷前検査の限界

　企業が品質水準を守るためには、かつては検査に注力しました。完成品を検査して、不良品を見つけ出し、不良品は出荷しない、という手法です。

　この方法には限界があります。

　まず、すべての完成品を対象とする全数検査では、時間と手間がかかり、コストが上がります。ネジやボルトのように数が多くて安い製品では大きな負担です。抜き取り検査にすればコストは下がりますが、不良品が出荷されるリスクが発生します。また、果物のように検査すると出荷できなくなる場合があります。今は非破壊検査が増えてきましたが、万能ではありません。

## （3）バラつきを管理する

　では、不良品でなければ問題はないのでしょうか？　ある農場で、いつもおいしいイチゴ、点数をつけるなら 80 点以上のイチゴを生産していたとします。あるお客様が、初めてその農場のイチゴを買ったら、それが偶然 120 点のイチゴでした。大喜びしたそのお客様は、次もその農場のイチゴを買います。ところが今度は 80 点のイチゴでした。これではお客様は裏切られた気分になります。

　品質管理が重視するのは、品質そのものではなく、品質の「バラつき」です。品質が悪いのも困りますが、良ければいい、というものでもありません。品質にバラつきが出るから困るのです。誰が作っても、いつ作っても、同じ品質のものを作れるようにすることが望まれます。

# 2．品質管理の方法

## （1）標準化

　品質管理の基本的な考え方は、工程内で不良品を作らない、バラつかせない、です。合言葉は「後工程はお客様」。お客様である次の工程には良いモノだけを提供しましょうという考え方です。

　具体的には「標準化」を進めます。誰がいつ作っても、同じやり方で同じものを、無駄なく作ります。料理の「レシピ」です。レシピどおりに作れば、おいしい料理が作れます。

　会社ではレシピの代わりにマニュアルを作ります。誰がいつ作っても同じ品質のものができるようにするための手順、方法が書かれています。会社としての「正しい仕事の仕方」です。このとおりにやれば、品質が確保でき、生産性も上がるというものです。その仕事に新たに携わる人にも効果的です。ただしマニュアルだけでは一人前にはなれません。包丁を持ったこともない人がレシピだけで上手に料理を作ることは難しいでしょう。多少は慣れが必要です。仕事も料理と同様で、マニュアルの他に訓練、練習が必要です。

　かつては「俺の背中を見て覚えろ」「仕事の仕方は盗むものだ」などと言われていました。それはそれで意味のある話ですが、問題は一人前になるのに時間がかかりすぎることです。

　また実際の仕事の現場でよく見ると、間違った方法で仕事をしている人がいます。理由を調べてみると、正しい仕事の仕方を知らなかった、作業の目的を理解していなかったという事例が意外に多く見られます。もちろんコツのような教えにくいものはあります。それにしても、正しい仕事の仕方を知らなければ、正しい仕事はできません。

　標準化をして訓練して、誰でも同じものを効率良く作れるようにしましょう。

## （2）改善制度と再発防止

　マニュアルは、一度作れば終わりではありません。絶えず見直しをして進歩し続けなければなりません。

進歩のきっかけは、2種類あります。改善制度と再発防止です。

## ≪1≫ 改善制度

改善制度は、現場の気づきによる進歩です。「何かおかしいな」「どこか不便だな、不都合だな」「どうも調子が悪いな」ということを見過ごすことなく、改善のきっかけにしたいものです。現場をよく見ると、気になることはたくさんありますが、見過ごされることが少なくありません。

改善制度は従業員からの改善提案を数多く出してもらう制度です。ポイントは「数多く」です。質よりも件数を重視します。質を求めると、レベルの低い改善ではいけないと構えてしまい、件数が減り、改善自体が進みにくくなります。件数が多くなるほど効果の高い内容が含まれるようになります。そのためには、改善提案件数ごとに奨励金を出すなど現場の雰囲気作りが重要です。参考のため、改善用紙の見本を図表2-11に示します。これをA4用紙1枚にまとめてください。この紙がたくさん集まるようになると、その中から驚くような効果のある内容が出てきます。こういう状態が強い現場です。

図表2-11　改善提案用紙（例）

| 件名 | 提案者 | 日付 |
|---|---|---|
| 現状（問題点） | 改善案（実施済み・未実施） | |
| 改善効果（提案者記入、数値化が望ましい） | | |
| 上司コメント | | |
| 評価 | | |

## ≪2≫ 再発防止

もう1つの進歩のきっかけは、トラブルの発生です。

トラブルの発生はできるだけ避けたいところです。社内だけで完結するトラブルならまだしも、社外に流出するトラブルは起こさないようにしなければなりません。でも、仕事をしていると、特に新しい取り組みをしていくと、トラブルが発生してしまうことがあります。新しい取り組みだからといってトラブルを発生させてはなりませんが、さらに重要なことは、同じトラブルを再発させないこと、つまり再発防止です。

再発防止の手順は図表2-12のとおりです。ポイントは、真因つまり「本当の原因」の追究です。例えば、食品スーパーへの商品の配達数を間違えたとします。ドライバーに「なぜ」間違えたのかをきくと、たいていは「うっかりしていました」と答えます。そこで「なぜ」うっかりしたのか尋ね返します。すると「再確認しなかった」「合計数量をチェックしていな

かった」「降ろすとき伝票を確認しなかった」などと答えます。さらに「なぜ」そうなったか、を繰り返します。トヨタはこれを5回繰り返します。「なぜなぜ」を5回も繰り返すと、本当の原因が出てきます。ここまでくると、問題は半分以上解決します。「そうか、合計数量をチェックすれば間違えなくなるんだ」「荷物を降ろしたら、伝票にチェックマーク☑を書き込むことにしよう」などです。

　再発防止は、2つの面で重要です。1つは、トラブルが起こった事実があること。事実があると、原因の調査・追究が格段にやりやすくなり、効果的な対策が打てるようになります。事実が発生する前に想定だけで対策をするより、はるかに効果的です。

　もう1つは、トラブルを繰り返すと、お客様からの信頼を失ってしまうことです。「誰でも失敗はするよ」と寛容なお客様でも、同じ間違いを2度繰り返せば、許してはくれません。

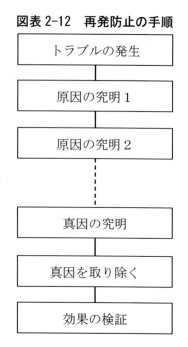

図表 2-12　再発防止の手順

- トラブルの発生
- 原因の究明1
- 原因の究明2
- 真因の究明
- 真因を取り除く
- 効果の検証

## 3．QC活動

　かつての日本は、世界で「ジャパン・アズ・ナンバーワン」と注目を集めました。当時の日本製品の品質は、確かに世界で群を抜いていました。

　そのポイントは、日本独特のQC活動でした。QCとは、Quality Control 品質管理の略語です。日本のQC活動は、職場のQCサークルによって、ボトムアップで行われます。現場の力による品質管理です。

　QC活動のポイントは、QCストーリーとQC7つ道具です。

　QCストーリーとは、QC活動の手順をまとめたものです（図表2-13）。このストーリーに従って検討を進めると、自分たちで職場・業務の問題解決ができるようになります。

　その際に使うのがQC7つ道具です（図表2-14）。QC7つ道具は、データの分析、原因の究明、対策立案のために便利な道具です。現場で得られる多様・大量のデータを分析できます。

図表 2-13　QC ストーリー（概要）

| テーマの選定 | 職場・業務の中で解決すべき問題点を決める |
|---|---|
| 現状把握 | 現状を事実・データで分析してバラつきを明らかにし、改善目標を決める |
| 解析 | バラつきを発生させている原因を究明する |
| 対策 | その原因を取り除く方法を検討し、実施する |
| 効果の確認 | 効果を把握し、改善目標と比較する |
| フォロー | 対策の標準化、効果の定着を実施し、今後の計画につなげる |

図表 2-14　QC7 つ道具

| | | | |
|---|---|---|---|
| | パレート図<br>2 割の商品が売上の 8 割を占めていることを図式化。 | | ヒストグラム<br>計量値の分布、バラつきを図式化。 |
| | 特性要因図<br>原因と結果を図式化したもの。魚の骨図。 | | 散布図<br>2 つの要因の相関関係を図式化。 |
| | グラフ<br>データの変化、傾向が直感的にわかるよう図式化。 | | 管理図<br>多数の実測値から工程の品質能力を図式化。 |
| | チェックシート<br>発生頻度、原因調査に使う。自己点検に使うことも。 | | |

## 4．ＩＳＯ

　品質管理のために欧米で開発されたのが ISO9001、品質マネジメントシステムです。QC と比較した最大の特徴は、経営者主導のトップダウンで行われることです（図表 2-15）。このシステムの基本は PDCA サイクルです。PDCA とは、Plan（計画）⇒Do（実行）⇒Check（確認）⇒Act（改善）を繰り返し、継続的に改善する手法です。

　ISO ではそれぞれ P＝「6 計画」、D＝「8 運用」、C＝「9 パフォーマンス評価」、A＝「10 改善」になっています。その前に「5 リーダーシップ」として経営者の役割が明記され、その後の品質管理のための経営資源の提供、経営者による評価、改善など、全般にわたって経営者が責任を持って進めることを求めています。日本の QC 活動が現場をベースにボトムアップで進められることとは対照的です。

　さらに ISO9001 では、プロセス管理という考え方が強化されました。良い結果を出すためにはプロセス（途中経過、工程）が重要であり、プロセスが良くなければ結果は期待できないという考え方です。

　なお、ISO のマネジメントシステムには、品質以外の各種システムがあります。図表 2-16 は、主なマネジメントシステムです。要求事項はそれぞれの目的に見合った内容になっていますが、経営者によるトップダウンのマネジメントシステム、プロセス管理、PDCA サイクルは、同様の内容になっています。

図表 2-15　ISO9001 要求事項の骨格（2015 年版）

| | | | |
|---|---|---|---|
| 1 | 適用範囲 | 6 | 計画 |
| 2 | 引用規格 | 7 | 支援 |
| 3 | 用語及び定義 | 8 | 運用 |
| 4 | 組織の状況 | 9 | パフォーマンス評価 |
| 5 | リーダーシップ | 10 | 改善 |

図表 2-16　ISO の主なマネジメントシステム

| ISO | 9001 | 品質マネジメントシステム |
|---|---|---|
| ISO | 14001 | 環境マネジメントシステム |
| ISO | 22000 | 食品安全マネジメントシステム |
| ISO | 27001 | 情報セキュリティマネジメントシステム |
| ISO | 45001 | 労働安全衛生マネジメントシステム |

# 04 仕事をする

## 1．仕事の心構え

会社で働くということは、会社の経営の一員になるということです。

ここでは、会社の一員として主体的に活躍するためのポイントを紹介します。

### （1）「型」を覚えよう

日本古来の柔道、剣道や歌舞伎、生け花には、「型」というものがあります。名人による形式、技法、基本です。基本を覚えると上達が早まります。さらに「守破離」という言葉もあります。最初は型を守って上達し、改善するために型を破り、さらには型から離れて新しい型を作ります。基本の型を会得していない人が独特の技法でやることは「型無し」と言うのだそうです。

この考え方は、仕事にも通用します。早く上達したいなら、良い先輩の「型」を学ぶことです。まず一度は型にはまって覚えるのです。基本を覚えると、自己流でやるよりも早く上達します。

### （2）理論か、実践か

若くて経験の少ない人は、「理屈じゃない。実践、経験なんだよ」と言われることがあるかもしれません。また、理論が大事か、実践が大事か、とはよく議論になるところです。

これには正解があります。理論も実践も、どちらも大事、です。理論だけでは実社会では通用しないことは当たり前でしょう。では素晴らしい実践経験を持っている人が、裏付けとなる理論を説明できる場合と、理論的に説明できない場合と、どちらが説得力が増すでしょうか？

若い人は経験が少なく、その分、理論に頼らざるを得ません。それは正しい判断です。多くの人が間違えるのは、経験を積むとともに理論が深まるのではなく、理論を軽視しがちなことです。そうならないためには、理論を学び続けなければなりません。社会人こそ勉強が必要です。

### （3）前向きであれ

実際に仕事をやり始めると、さまざまな困難に直面します。なかなか仕事がうまく進みません。高度な仕事、大きい仕事ほど、やっかいな障害が待ち受けています。仕事がうまく進まない理由は、たくさんあります。

　でも、そんな理由を考えたり説明したりしても、事態は解決しません。できない理由を考えていてもできるようにはなりません。どうしたらできるのかを考えましょう。前向きでなければ仕事は進みません。

### （4）問題は、解決してこそ意味がある

　仕事ができるようになってくると、周りの問題点が目に付くようになります。このようなとき、意味があるのは問題を解決することだけです。

　ところが、問題の指摘、批判で終わることが少なくありません。正しい批判は、発言する人にとってはストレスの解消になるでしょうが、それ以外の人にとっては無益、ときに害になるだけです。同様に、他人の仕事、特に自分が携わったことのない仕事を批判することも生産的ではありません。やったことのない仕事には、やったことのある人でないと気づかない問題や障害がひそんでいます。

　問題は解決しないと意味がありません。外から見ると他人の仕事の問題点は目に付きますが、これでは無責任な評論家の意見になりかねません。当事者として問題を解決することに専念しましょう。

### （5）仕事の発想をするときの主語は「お客様」、行動するときの主語は「私」

　仕事をうまく進めるためには、自分の立場ではなくお客様の立場で考えるとうまくいきます。

　一方、行動するときの主語は自分です。まず自分が動くことです。周りが動いてくれることを期待しているのに動いてもらえない場合、裏切られたと感じます。同様に、周りが自分に期待しているのに期待通りに動かないと「裏切られた」と思う人が現れます。

## 2．プロセス管理

　仕事は成果、つまり結果を求められます。では、どうしたら成果を出せるのでしょうか？

　結果には原因があります。同様に、成果にはプロセスがあります（図表2-17）。良いプロセスを実行したからといって、必ずしも良い成果が得られるとは限りませんが、悪いプロセスを経て良い成果が得られることはあり得ません。

　成果は目に見えますが、プロセスは周囲からあまり見ることができません。ですから成果が注目されます。しかしながら成果は結果論でしかありません。結果が出てしまってからでは手を打つことができません。やり直せるのでなければ、本当の意味で責任を取ることもできません。プロセスなら途中で変えることができます。手を打てます。プロセスに手を打たないと成果につながらないのです。

　そのためには、プロセスの計画をきちんと立てましょう。このプロセスをたどれば本当に成果を出せるのか、突き詰めた上で実行しましょう。

**図表 2-17　成果とプロセスの関係**

| | | | |
|---|---|---|---|
| 結果 | 成果 | 目標 | 見える | 事後でしかわからない |
| ↑ | ↑ | | | |
| 原因 | プロセス | 手段 | 見えにくい | 事前に手を打てる |

# 第 3 章

## 会社の組織

# 01 会社の機関

## 1．会社経営の役割分担

　会社の経営では、素早く正しい判断、運営が求められます。そのためには、会社の所有者である株主がすべての意思決定を行えば良いのですが、それは現実的ではありません。

　そこで所有と経営の分離、権限委譲などにより、効率的で安定した正しい経営を行うよう、会社には以下のような「機関」が設けられています（図表 3-1）。

図表 3-1　株式会社の機関

| 株主総会 | | 株主によって構成する会社の意思決定の最高機関。 |
|---|---|---|
| 業務執行機関 | 取締役 | 株主総会で選任された会社の経営を任された人。 |
| | 代表取締役 | 会社の業務執行を行い、対外的に会社を代表する人。取締役の中から選任されます。 |
| | 取締役会 | 取締役が 3 人以上のときに設置可能。 |
| | 会計参与 | 任意設置。決算書を作成します。公認会計士または税理士しかなれません。役員同様に株主総会で選任され、登記も必要です。 |
| 監督 | 監査役 | 取締役の業務執行を監督します。 |
| | 会計監査人 | 公認会計士または監査法人しかなれず、決算書の監査を専門的に行います。株主総会で選任され登記も必要です。 |
| 指名委員会等設置会社 | | 指名委員会（取締役を選任・解任）、報酬委員会（役員報酬を決定）、監査委員会（業務執行を監査）を置き、監査役は置きません。業務執行のための執行役、ならびに代表執行役を取締役会が選定します。 |

## 2．株主総会

### （1）株主総会とは

　株主は、会社の所有者であり、株主総会は会社の意思決定の最高機関です。株主総会は毎年 1 回は開催され、株主が集まって決算内容を確認し、会社の基本方針、重要事項を決めます。具体的には、定款の変更、会社の合併・解散、取締役・監査役の選任、決算の承認などです。これらが株主総会での決定事項であることには、それぞれ理由があります。

　まず、定款は会社の憲法ですから、これは総会で決めるべきことです。会社の合併・解散なども、もちろん株主総会での決定事項になります。

　また株主が経営の実務を任せるために、取締役を選任し、経営実務を任せます。経営を任せた後、取締役の業務執行状況を株主が確認できる機会は多くはありません。そこで株主総会では、取締役の業務の執行状況の日常的なチェックを任せるために監査役を選任します。これら役員に対する報酬も株主総会で決めます。

　会社経営の最終的な成果は、お金、利益です。利益を出すと剰余金が発生します。この剰余金をどうするかも、株主総会で決定します。剰余金の処分方法は、主に①株主に配当する、②将来のために会社に蓄えておく、の2つです。将来のために蓄えるというのは、貯金が目的ではなく、成長のための投資が目的です。従って成長のための投資の予定がなければ、配当して株主に還元しなさい、というのが基本的な考え方です。株主は経営者に対して、「会社を成長させるか、さもなくば配当して株主に還元しなさい」と迫ることになります。

## （2）株主の権利

　株主は会社に出資することにより、株主としての権利を得ます。株主には、主に次のような権利があります。株主総会は、株主が権利を主張する場でもあるのです（図表3-2）。

図表 3-2　株主の権利

| 自益権 | | 株主個人の利益に関する権利。自分の意思で権利を使える |
|---|---|---|
| | 配当請求権 | 剰余金の配当を受ける権利 |
| | 残余財産分与請求権 | 会社が解散したとき、残った資産を請求する権利 |
| | 株式買取請求権 | 会社の合併が決まったとき、合併に反対する株主が自分の株を会社に買い取ってもらう権利 |
| 共益権 | | 株主共通の利益のための権利 |
| | 株主総会における議決権 | 会社の経営に参加する権利 |

# 3．取締役

## （1）取締役の役割

　経営者である取締役の役割は、前述のとおり、利益を出し、会社を成長させることです。そのために株主総会で選出され、会社の代表として経営を任されます。利益を出し成長させることができなければ取締役は解任されるか、任期終了とともに退任するか、ということになります。「結果を出せ。さもなければクビ」という厳しい立場です。

　取締役には、その他にも厳しい条件がつきます。法令、定款、株主総会の決議に従わなければならないことはもちろんですが、現在では内部統制システムが義務化されています。これは「現場のことは任せてあるので、何が起こっているかまでは把握できなかった」では済まされないということです。例えば、現金残高が合わないことのないよう、もし合わなかっ

たらすぐにわかるようにするしくみを作っておくのが取締役の責任です。

　さらに取締役が法令やルールに違反すると、損害賠償責任を負うこともあります。

### （2）取締役、取締役会、代表取締役

　取締役は、株主総会での選任を受けて、業務執行の意思決定、職務執行の監督、つまり経営を行います。

　一般の株式会社では取締役は1人でもかまいませんが、定款で取締役会を置くことを定めた会社は取締役を3人以上にして取締役会を置かなければなりません。この他、公開会社（15ページ参照）、監査役設置会社、委員会等設置会社（次ページ参照）なども取締役会を設置する必要があります。大きな会社では客観性・公正性を重視しますが、個人経営の会社では自由度・迅速性を重視するという選択肢がある、というわけです。

　代表取締役とは、対外的に会社を代表する人のことです。代表取締役は、取締役会の決議によって選任されます。取締役会を設置していない会社の場合は、定款、株主総会の決議などにより選任します。代表取締役は複数人でも構いませんし、置かなくても良いことになっています。この場合は、取締役が会社を代表します。

## ４．監査役、会計参与

### （1）監査役

　監査役は、取締役による会社の経営が適正に行われていることを、業務、会計の両面から、株主に代わって監督するための機関です。株式会社の業務執行は、株主総会から取締役に任されますが、一方で株主総会は取締役の業務執行を監督する必要があります。そこでその監督を専門とする監査役を設置しています。

　なお、たいていの会社には機構図、組織図、というものがあります。株主総会、取締役、監査役から始まり、部署別に部や課がどういう位置づけになっているか、一覧に示した図です（図表3-3）。これをよく見ると、取締役は株主総会の下にあり、その途中で横に突き出しているのが監査役です。それだけ監査役は株主総会に近いところで取締役の仕事を見ていなければならない責任ある立場であることを意味します。

図表 3-3　組織図（一部）

### （2）会計参与

　会計参与とは、会社の会計、決算をする機関、役員のことで、公認会計士または税理士でなければなれません。設置は任意ですが、設置する場合は株主総会で選任・決議し、登記が必要になります。

　会計・決算業務には高度な専門性を求められます。多くの会社では、外部の顧問税理士に決算書の作成を依頼しています。そこで2005年から、専門家に役員として会社内部で決算を

行ってもらうことが制度化されました。これにより企業の決算書の信頼性が高まることが期待されています。

## 5. 委員会等設置会社

まだ会社の数としては多くはありませんが、委員会等設置会社というしくみ（図表 3-4）があります。

図表 3-4　委員会等設置会社

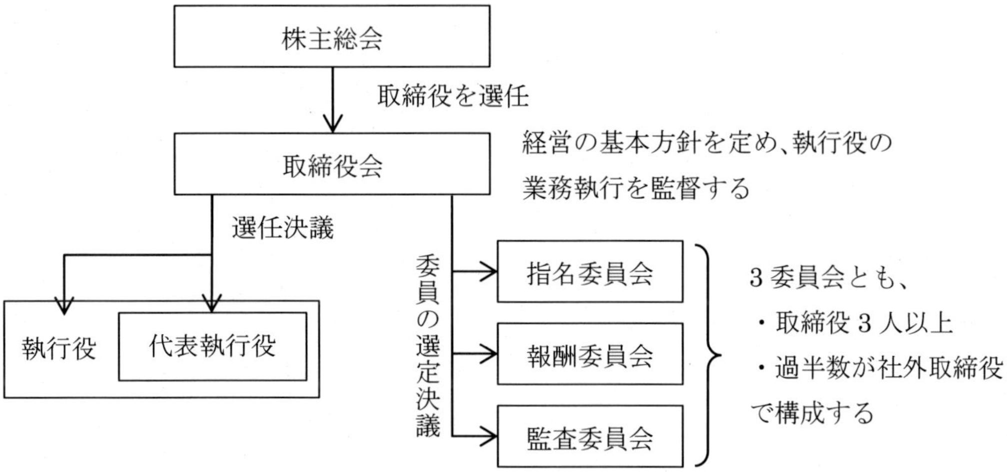

一般の会社は、取締役が経営者の役割を担い、会社の代表者も代表取締役でした。委員会等設置会社では、業務執行のために執行役、代表執行役を選任して業務の執行のほとんどを任せます。つまり、経営者としての役割の大半は、執行役が担います。会社の代表者も代表執行役です。

取締役会は執行役を監督する立場に変わり、権限は大幅に縮小されます。監査役は置きません。一方、取締役によって構成される指名委員会、報酬委員会、監査委員会が置かれます。どの委員会も、取締役の中から 3 人以上で構成され、過半数が社外取締役でなければなりません。

指名委員会は、取締役の選任案を決め、株主総会に提案します。報酬委員会は、取締役、執行役の報酬内容を決め、株主総会に提案します。監査委員会は、取締役、執行役の職務執行を監査します。

取締役と執行役は兼務できますが、執行役は監査委員を兼ねることはできません。

委員会等設置会社の大きな特徴として、社外取締役の存在があげられます。一般の会社でも社外取締役が採用される事例はありますが、委員会の委員の過半数を占めるなど、社外取締役の位置づけ、重みが違います。

# 02 会社組織のしくみ

## 1．会社内の役割分担

　サッカーは 1 チーム 11 人で行うスポーツです。このうち、ゴールキーパーだけは手を使って良いなど特殊な役割が認められていますが、あとの 10 人は、ルールの上では違いはありません。10 人が一斉にボールを追いかけても反則にはなりません。でも、それでは勝てません。強くなるためには、やはり役割分担が必要です。

　会社も同様です。会社の中には、役割分担があります。1 つには、経営者、管理者、実務者という縦の分担があります。もう 1 つは、製造、販売、管理といった横の分担です。

　まずは縦の分担を見ていきましょう。

## 2．会社内の階層

　会社の中にはさまざまな役職があります。部長、課長、係長などです。会社によって呼称は違いますが、大きく分けると、経営者、管理者、実務担当者、に分かれます。

### （1）経営者

　経営者とは、前項の取締役のことです。経営者の仕事は、利益を出して会社を成長させることです。

　経営者は、まず会社の方針を示します。会社全体が同じ方向に向かって力を合わせられるよう、どんな会社をめざすのか、どんな理念、価値観にするのかを示します。

　次に経営戦略、つまり作戦を立てます。顧客のニーズ、社会環境、競合他社の動向、自社の特徴などを考慮して、どのように成果をあげていくのかが経営戦略です。その上で経営計画を立てます。いつ、誰が、何を、どのようにやるのか、手順や具体的な動きを決めます。その計画に基づいて、管理者に実行を指示し、進捗状況を見ながら新たな指示を加えたり計画を修正したりしながら計画を達成していきます。

　社会・環境の変化は激しく、実務は計画どおりに進まないことが少なくありません。「だから結果を出せなかった」ではなく「どうしたら結果を出せるのか」、とことん考え抜いて実現する責任が経営者にはあります。

### （2）管理者

　経営者が会社全体のことに責任を持つのに対して、管理者は与えられた範囲の役割につい

て、責任を持たなければなりません。いわばミニ経営者です。管理者が経営者と違うことは、範囲の他に、①経営者からの明確な上位方針があること、②上司に相談できること、③成果が出なくてもクビにはならないこと、などでしょう。

　管理者の仕事もマネジメントサイクル、通称 PDCA サイクルで進めます。マネジメントとは、経営とか管理という意味ですが、PDCA サイクルは経営者、管理者だけでなく、実務担当者にも必須の手法です。

　成果を出すために実現可能性を高める計画を立て、部下に実行させながら支援し、計画どおりに進んでいるか進捗を確認し、問題があれば改善することを繰り返します。

　このうち、いわゆる「仕事をする」というのは Do の部分ですが、意外なくらい成果に影響するのがPCAです。計画がないと、仕事があらぬ方向に進んでしまうこともあります。「あぁ、この計画なら何とか実現できそうだ」と思える計画を立てる必要があります。

　そして、いざやってみると計画どおりに進むこともあれば、そうでないこともあります。「やったらやりっ放し」にしないよう、こまめに進捗状況を確認します。会議の後、プレゼンの後、営業の後、ことあるごとに確認し、そこで問題があれば、早く手を打ちます。間違えること、失敗することは誰にでもあります。でも、できれば同じ間違い、同じ失敗を繰り返したくはありません。だから改善です。計画と実績とのズレが小さいうちに手を打ちましょう。中身のある PDCA を繰り返すことにより、成果がついてくるようになります。


## （3）実務担当者

　実務担当者とは、実際に仕事の実務を担当する人たちです。仕事の現場は、この人たちで回っています。もちろん、管理者が現場に出たり、経営者がトップ営業をやったり、ということもありますが、管理者や経営者は基本的に後方支援部隊、困ったときの守り神のような存在です。

　実務担当者が仕事をする上でのポイントは、次の3つです。

### ≪1≫ 上司とのコミュニケーション

　1つ目は、上司からの指示を正しく理解することと、仕事の内容や状況について報告、連絡、相談することです。

　上司からの指示を聞くときは、できるだけ目的や理由を理解するようにしましょう。そうすると、指示の内容を一段と深く理解することができ、納得感が高まり、良い仕事ができるようになります。

　また報告、連絡、相談をする際には、趣旨が正しく伝わるようにしましょう。このときの注意点は、次のとおりです。

#### ① 結論から報告する

　報告する側は時系列（出来事が発生した順番）に説明したくなりますが、聞く側が最初に知りたいのは結論で、原因や経過はその後にすることが望まれます。

## ② 事実を伝える

　事実と意見は明確に区別しなければなりません。事実は覆りません。良くても悪くても、受け止めざるを得ません。事実は重いのです。ところが、特に悪い話を伝えるときほど意見や願望を織り交ぜたくなります。その思いが強いときほど事実だか意見だかわからないように伝えてしまいます。まず、事実を伝えましょう。

## ③ 自分の意見と理由を考えておく

　事実を伝えるときには、自分の考えを整理しておきましょう。その際、重要なのは「なぜ、そう考えるのか」という理由です。発生した事実には、対応・対策が必要な場合があります。大きな問題が発生したときは上位者が直接対応することが多くなります。だからといって、自分が関係ないのではありません。考える訓練をしなければなりません。自分の考えをまとめておくようにしましょう。

　「なぜ、そう考えるのか」によって、意見の説得力が変わってきます。上司に相談するレベルの問題では、解決策を決定するのはあなたではなく上司です。だからこそ、あなたの理由に説得力があるほど、あなたの考え、あなたの意見が尊重されるようになります。

### ≪2≫ PDCA サイクル

　2つ目は、前述の PDCA サイクルです。PDCA サイクルはマネジメントサイクルとも言いますが、管理者だけのものではありません。自分の仕事をマネジメントするのに、きわめて効果的です。仕事の成果をあげるためには、ぜひマスターしたい手法です。

　前ページの PDCA サイクルの手法を、ぜひ身につけてください。

### ≪3≫ 同一労働同一賃金

　3つ目は、実務を担当する人たちには、正社員だけでなく、パートタイマーやアルバイト、契約社員、派遣社員など、立場の違う人たちがいます。いわゆる正規社員と非正規社員です。

　2020年から同一労働同一賃金ガイドラインが設定され、正社員と非正規社員との間の不合理な待遇差が禁止されました。これまでは、例えばパートタイマーは最低賃金で働き、同じ仕事をしている正社員の方が待遇が良い、ということが珍しくありませんでしたが、同じ仕事をしているのに待遇が違うということは、格差をつけられている側からすると納得しかねます。

　同一労働同一賃金は実力、真価を問われる制度です。実務の担当者として、期待に応えられるようにしましょう。

## 3．組織のしくみ

　ここまで、組織の階層、つまり縦の分担を見てきました。ここからは、組織の横の分担を見ます。隣の部署との関係です。

## （1）機能別組織と事業部制組織

　組織の形態には、一般的には機能別組織と事業部制組織の 2 つに分かれます。それぞれの内容とメリット、デメリットは、次のとおりです（図表 3-5）。

**図表 3-5　機能別組織と事業制製組織**

| 組織形態 | 機能別組織 | 事業部制組織 |
|---|---|---|
| 部門例 | 製造、営業、総務 | A 事業部、B 事業部、C 事業部 |
| メリット | 機能を強化しやすい。部門間で重複がなく無駄がない。 | 各事業部に製造、販売、総務などの機能を持つ。事業部で完結できるので意思決定が速い。事業部の責任者は経営者育成の訓練になる。 |
| デメリット | 会社全体の最適化よりも、部門の都合が優先されやすい。全社視点の管理者が育ちにくい。最終的にトップの判断が必要になるため動きが遅くなる傾向にある。 | 事業部間の競争意識が過度になるおそれがある。経営資源が分散され、事業部間で資源の取り合いになりやすい。 |

## （2）ラインとスタッフ

　ラインとは、製造、開発、営業など、直接実務に携わる部門のことを言います。第一線の現場で働く人たちです。一方スタッフとは、総務や経理など、ラインを支援する人たちのことです。間接的に支援するので間接部門とも言います。

　ラインとスタッフは役割分担するので組織が効率的になります。例えば、営業で売上拡大に取り組んでいる人たちは、経理の人たちが入金管理をしてくれているから、心配なく外回りができます。予定どおりに入金しないときには、経理担当者が連絡すれば営業担当者が取引先と折衝してくれます。持ちつ持たれつの関係です。なのに「隣の芝生が青く見える」ことがあります。「営業は外回りしているときは自由だからいいな」とか「スタッフは年中空調の利いた部屋でいいな」とかです。お互い、会社の成長・発展という共通の目的があるはずです。変な内輪もめに陥ることなく、前向きに協力し合って仕事に取り組みましょう。

## （3）企業グループと持ち株会社、子会社・関連会社

　（1）で、機能別組織と事業部制組織の説明をしました。この事業部制組織がさらに発展するとカンパニー制（社内の擬似別会社）になったり、さらには別会社に分離したりします。別会社になれば、定休日とか給与体系も、業務実態に合わせて柔軟に変えることができます。逆に、現業部門から独立して持ち株会社を作り、グループ全体の経営戦略を構築する事例も増えてきました。また、まったく別の企業から、会社そのものや特定の事業を買収したり吸収したりすることもあります。こうして企業グループを作り、グループ全体での競争力を高

めていきます。

　なお、子会社というのは、親会社が過半の株式を持つなどして実質的に支配している会社のことを言い、大きな支配力を持つ場合を関連会社と言います。ここで気をつけなければならないのは、親会社の従業員が子会社・関連会社やその従業員を支配しているのではないということです。大事なことは、それぞれ役割分担をしてグループ全体で競争力を高め発展することです。自分の役割が自分の実力・権力などと勘違いしないようにしてください。

## （4）プロジェクト、社内ベンチャー

　今ある商品は、時間とともに少しずつ価値を失っていきます。良い商品ほど、他の会社が真似をし、競合品をぶつけてきます。そこで技術開発や改善努力によって生産性を上げ、価格を引き下げなければなりません。そうしていかないと、競争を勝ち抜いて行けません。

　だから会社は、常に新しいことに挑戦し続けなければなりません。現状にとどまっていたら、周りに置いていかれます。停滞は後退なのです。昨日とおなじことを明日も繰り返してはいけないのです。そこで、新しい商品を出したり、新しい事業を起こしたり、という努力が必要になります。

　そのための1つの手法がプロジェクトです。プロジェクトとは、ある目的のために臨時、期限付きで結成されるチームのことで、メンバーは他の業務と兼務することは珍しくなく、目的を達成すると解散されます。プロジェクトの典型的な例は大きなビルの建設ですが、会社の中では新しいことを始めるときに、各部門から専門家を集めてプロジェクトチームを作って取り組みます。

　もう1つの手法が社内ベンチャーです。社内ベンチャーは通常、社内で新しい企画を公募し、または新しい企画に取り組む人を公募し、それに取り組む人をそれまでの業務から外して、あたかもベンチャー企業のようにチャレンジする手法です。通常のベンチャーは会社の後ろ盾なしに自分たちでリスクをとって取り組みますが、社内ベンチャーによってチャレンジしやすくするとともに、会社がバックアップし、チャレンジする人のリスクを軽減して、ベンチャーの成功確率を高めようとするものです。

　プロジェクトも社内ベンチャーも、新しいことに挑戦し、それを成功に導くための手法です。

# 第 4 章

## 会社の人材

# 01 労働条件

## １．入社から退職まで

### （１）採用、入社

　会社に入社すること、会社から見ると従業員を採用することは、労働契約を締結することになります。一般的には雇用契約書を交わすことが多いでしょうが、働くこと、それに対して報酬を支払うことを口頭で約束すれば、それだけで契約は成立します。

　ただし、企業によって、採用時には試用期間が設けられる場合があります。正式採用の前に、仕事の能力、勤務態度、性格を確認するためです。試用期間は、通常２〜３カ月、長くて６カ月と設定されることが多いようです。試用期間中に本採用に適さないと判断する合理的な理由があると、解雇される場合があります。

### （２）退職

　退職とは、雇用関係が終了することを言います。退職には定年退職、任意退職があります。また、会社都合退職と自己都合退職に分類することもできます。会社都合か自己都合かは、雇用保険の給付に影響するだけでなく、退職金が違ってくる場合もあります。

　現在、多くの会社が60歳定年にしていますが、年金の支給開始年齢が65歳に引き上げられました。このギャップを埋めるため、法律により会社は65歳までの雇用継続措置が義務付けられました。平均寿命が延びていることもあり、近い将来には社会人生活50年時代が訪れようとしています。

### （３）終身雇用の功罪

　日本の雇用制度の特徴の１つとして、終身雇用があげられます。

　終身雇用の良いところは、人材に対して先行投資ができることです。会社にとってはこれから40〜50年働いてくれる人たちですから、計画的な人材育成プランが立てられます。新卒の社員に対しても、即戦力としての働きを期待する必要はありませんから、長い目で見て教育することができます。これは本人にとってもありがたいことです。

　終身雇用の欠点は、産業の盛衰や景気の波への対応がしにくくなることです。かつては繊維産業がトップ企業でしたが、製鉄業に移り、家電や自動車へと変遷しています。それにつれて営業担当者も企業を転々とすればお互い合理的でしょうが、終身雇用制だとそうはいきません。

### （4）何のために働くのか？

　私たちは、何のためにこれから50年間働くのでしょうか？

　1つは間違いなくお金のためです。お金がなくては豊かな生活は送れません。でもお金のためだけに働くというのは、ちょっとつまらないでしょう。社会のために働くことは大事でしょう。社会に役立つ仕事でなければ長続きしません。

　ぜひ「やりがいのため」を追加しましょう。では、どうしたら仕事にやりがいを見出せるのでしょうか？

　スポーツを例にとりましょう。オリンピック出場クラスの選手にとって、その競技は間違いなくやりがいがあるでしょう。大学のサークルとかで気軽に楽しめるスポーツもやりがいはあるでしょうが、おそらく、超一流選手のような気分は味わえません。そうです。本当のやりがいとは努力・苦労をした人こそが自ら勝ち取り、味わうものなのです。周りや会社がお膳立てしてくれるものではありません。そうだとしたら、それは本物のやりがいにはなりません。

### （5）会社を辞めるな。3年間は我慢

　社会人になると、苦労が多くなります。理不尽と思うこともあるかもしれません。でも、それで会社を辞めてはいけません。少なくとも3年間は我慢して働き続けましょう。3年間がんばれば、見える景色が変わります。それが仕事のやりがいへの第一歩です。多くの場合、やりがいは苦労の先にあります。

## 2．労働基準法

　労働基準法は、労働者を守るための法律です。すべての労働者を対象に、最低基準の労働条件を示します。つまり労働基準法を下回る労働条件は違法になります。

　労働基準法では、労働時間や休憩時間、時間外労働、休日、賃金などを決めています。

　このため、会社の就業規則は、必ず労働基準法を守っていますし、就業規則は労働基準法の労働条件を下回ることはできませんので、働く人にとって就業規則の方が好ましいものになっています。例えば、労働基準法では1週間に最低1回の休日を与えなければならないとされていますが、現在では、週休が1日しかないという会社は珍しいでしょう。

　かつて戦後から高度成長の頃までは、日本の経済は猛烈な勢いで伸び、世界から注目を集めました。その裏で、例えばサービス残業は当たり前など、労働条件の改善が課題になっていました。労働基準法はその改善のために重要な働きをしてきました。現在では求人のためもあって労働条件の改善が進み、かつてと比較すると労働基準法の重みが少なくなりました。

## ３．残業と休日出勤

### （１）残業

　労働基準法では、１日８時間、１週40時間を法定労働時間と上限を定めています。

　これには、いくつかの例外があります。

　１つ目は、業種などの条件に基づく特例です。小規模事業場では条件付きで１週44時間が認められている場合がありますし、農業などでは業種の特性によって法定労働時間が適用されない場合があります。これらは、実際には就業規則によって他業種並みの条件になっていることが多いようです。そうでないと従業員が集まらないからです。

　２つ目は、管理監督者です。経営者と一体的な立場にある管理監督者は、労働時間や休日の適用から除外されます。

　３つ目は「時間外労働及び休日労働に関する協定書」を届け出た場合です。この届出をすると時間外労働が認められます。法定の時間外労働には25％以上割増をした残業手当がつきます。ここで「法定の」と断ったのは、例えば就業規則で１日の就業時間が７時間30分と定められている会社で残業した場合、最初の30分は時間給相当額だけ払えば良く、８時間を超えた部分だけが25％増になるという意味です。

### （２）休日出勤

　休日出勤が必要になる場合があります。この場合の割増賃金のルールを紹介しましょう。まず、同じ休日でも、法定休日と法定外休日があります。法定休日は週１回です。例えば、日曜を法定休日、就業規則で土曜日も休日としている会社の場合、土曜日に出勤した場合、それが残業に相当するかどうか、だけの判断になります。これが法定休日である日曜日だと、割増賃金が35％になります。

　ただし、休日の振替手続きを適正に行えば休日労働にはなりません。割増賃金も発生しません。

## ４．休暇制度

### （１）休憩時間

　労働基準法では、６時間以上働く場合は最低45分の休憩、８時間以上働く場合は60分の休憩を与えなければなりません。昼休みが１時間であるのはこのためですが、１日の勤務時間が８時間に満たない場合は45分の休憩時間でも構いません。

### （２）有給休暇

　有給休暇（略して有休と言われることもあります）とは、休んでも給料が支払われる休暇のことです。労働基準法では、６カ月以上勤務し80％以上出勤した社員に、年次有給休暇（年

休）を 10 日以上与えなければなりません。この日数は勤務期間が長いほど加算され、6.5 年以上継続勤務すると年休は年 20 日になります。

　年休は、原則として労働者が請求した日に与えなければなりませんが、事業の正常な運営が妨げられる場合には、会社には「時季変更権」が認められます。

　なお年次有給休暇は 2 年で時効になり、請求権がなくなります。

### （3）育児・介護休暇

　かつて、女性は結婚や出産で退職することが珍しくありませんでした。この人たちは専業主婦として育児をし、子供の成長とともにパートで働く時間を長くしていき、子供が大きくなった頃には今度は親の介護が始まる、というパターンがありました。

　このパターンは、会社にとっても働く人にとっても、見直されました。

　何より働き手にとって、若くして退職し、その後パートなど非正規社員の立場で働くことは、正社員の生涯賃金と比べて圧倒的な損失でした。また会社にとっても、少子化だ人手不足だというのに女性という働き手を奪われていました。

　そこで育児・介護休暇が法律で定められました。

　主な内容は次のとおりです。

(1) 育児中の短時間勤務制度、残業免除の義務化

(2) 子供の看護休暇制度

(3) 父親の育児休暇取得促進

(4) 1 人年 5 日までの介護休暇

(5) 1 人通算 93 日までの介護休業

### （4）その他の有給休暇

　この他に、一般的には慶弔休暇、夏季休暇などが設定されることがありますが、いずれも法律で定めたものではなく、会社が設定したものです。

## ５．自己啓発

　著者は 1959 年生まれで、1982 年に就職しました。この約 40 年間で労働環境は大きく変わりました。昔は家には寝るためだけに帰るだけでしたが、今はワーク・ライフ・バランスの時代になりました。

　私が気になるのは、ワーク（仕事）とライフ（生活）の間です。

　プロスポーツの世界では「グラウンドに金が落ちている」と言われることがあります。選手にとって評価される仕事は試合だけですが、勝負は試合以外の体力作りや基礎練習で決まります。

　翻って、ビジネスの世界ではどうでしょうか。会社に、工場に、事務所に、金が落ちてい

ないのでしょうか？　もちろん仕事のための基礎能力が大事なことは会社もわかっていますから、社員には研修を受けさせたり、ときには外部に派遣したりするでしょう。それだけで十分なのでしょうか？

　私は、ビジネスにおいても「自主トレ」が必要だと思います。いえ、ビジネスだからこそ、自主トレが重要です。仕事に関係する本を読むとか、歴史や文化を学ぶとか、自分の仕事の能力を高めるための努力を続けることが、視野を広げ、仕事の能力を高めることにつながると思います。

## 6．異動

　異動とは、部署を変わることを言います（移動とは漢字が違います。ご注意を）。

　部署が変わると、新たな気分で仕事に臨めるようになる面もありますが、一般的には、新しい環境、新しい仕事相手、新しい仕事に戸惑う面が強いようです。やはり慣れている方が仕事がやりやすいのです。

　異動がなければ、仕事がしやすいはずなのに、なぜ会社は異動させるのでしょうか？

　理由の1つは、会社の都合です。

　「適材適所」とは、才能に合わせた仕事に就けることを言いますが、実際は「適所適材」です。人材に合わせて仕事を作るのではなく、仕事に合わせて人材を配置します。「営業の得意な社員ばかりだから経理は廃止します」というわけにはいきません。苦手であっても、誰かが経理の仕事をやらなければ会社として成立しません。適所適材なのです。

　もう1つの理由は、キャリアを積むためです。同じ仕事を定年までやり続けることはないでしょう。節目で異動しながら、仕事の幅を広げていかなければなりません。上位者になればなるほど、新しい仕事に取り組んでいくのです。

　異動は、成長のきっかけです。つらいこと、苦しいことも多いでしょうが、前向きに取り組みましょう。

# 02 賃金制度

## 1. 賃金

　労働基準法では、労働の対償として使用者が労働者に支払うすべてのものを賃金と言います。基本給のほか、各種手当（通勤手当、住宅手当など）、残業手当や休日出勤手当の他、賞与（ボーナス）も賃金です。

　賃金には、支払いの5原則があります。

### （1）通貨払いの原則

　　賃金は現金で支払わなければなりません。会社の商品などの現物を賃金の一部に当てることは許されません。

### （2）直接払いの原則

　　賃金は、直接本人に払わなければなりません。未成年者の給料を親に支払うことも認められません。

### （3）全額払いの原則

　　賃金は、全額を支払わなければなりません。分割払いは認められません。

### （4）毎月払いの原則

　　賃金は毎月1回以上支払わなければなりません。

### （5）一定期日払いの原則

　　賃金は、決まった日に支払わなければなりません。「月末日」とか「毎月第3金曜日」といった日ではなく、「毎月20日」「毎月25日」などでなければ認められません。その日が休日の場合、休み明けに支払うことは認められます。

## 2. 給料のしくみ

　日本の人事制度の特徴の1つに、年功型賃金制度があります。年功型賃金制度とは、賃金が勤続年数に比例して高まるという制度です。この制度には、いくつか特徴があります。

・　経験とともに成果があがる前提である。

・　若いときの支給額が少なめで、高年齢になってから後払いする制度である。

・　働く人にとって、子供が大学に行くなど生活費のカーブに近い支給額になる。

　高度成長期の終身雇用が前提のときには、この年功型賃金制度が諸外国との競争において大きな役割を果たし、日本の企業の躍進に貢献しました。また、一度多くのお金を使うことを経験した人は、なかなか元の倹約生活に戻りにくく、結果的に若いときには堅実な生活を

して老後に困らない制度でもありました。

　ところが現在では、年功型賃金制度の矛盾が顕在化してきました。

　元々は終身雇用で成立するしくみでしたが、雇用の流動化（中途採用、中途退職の増加）、非正規従業員の増加などにより、前提条件が崩れました。また IT 化の進展、技術革新により、高年齢層の経験に対する評価が下がってきました。

　また、会社の支払い能力がなくなってきました。賃金の後払いと言っても、会社が若年層の分を貯金していたのではなく、大勢の若年層の分を中高年齢層に支給する構造でした。会社の人材も少子高齢化が進み、中高年齢層の給料を若年層で支えきれなくなってきました。

　つまり、賃金制度は、従来の生活を支えるための制度から、働きに見合った制度に変わりつつあり、この傾向は今後もますます進展すると考えられます。

　働く人にとっては、自分の仕事に見合った賃金制度に近づいていきますが、反面、自分の生活に関してはこれまでのように会社任せにできません。計画的な生活設計が必要になります。

## 3．人事考課制度

　人事考課とは、従業員各人に対する人事評価のことです。人事考課の目的は２つあります。

　1つは、仕事の正当な評価をすることです。私たちの仕事は会社の利益に貢献しなければなりません。その貢献度合いは正しく評価され、本人に報いることが妥当でしょう。難しいのは評価の公平性、妥当性、納得性です。人が人を評価するのですから、評価の偏りが伴います。また、仮に極めて正しい評価がなされたとしても、本人が納得するかどうかは別問題です。ポイントは、制度に対する関係者の理解でしょう。個別の判断や評価には疑問が残るとしても、大筋として妥当で納得感のあるようにしなければなりません。一般的には、①業績考課、②能力考課、③情意（仕事への姿勢、熱意）考課、で人事考課は行われます。

　人事考課のもう１つの目的は、人材育成です。考課における長所を伸ばし、短所を改善することが部下の成長につながります。人事考課の目的は、かつては評価が重視されていましたが、徐々に育成の比重が増しています。

　そもそも人事考課は仕事への取り組みや結果に対して行われます。人事考課で悪い評価をしたりされたりするのではなく、悪い評価にならないよう、都度、仕事を軌道修正していくことが必要です。誰が良い評価・悪い評価、という内向きの視点ではなく、会社全体がめざましい成果をあげるような外向きの視点が望まれます。

## 4．退職と退職金

　退職とは、雇用契約が終わることです。一般的には、働く人が契約を解除する場合、契約期間の満了や定年による場合、働く人の死亡による場合、があります。雇用契約が終わるも

う１つの場合が解雇です。解雇とは、働く人の意思に反して会社が一方的に雇用契約を終わらせることです。解雇には合理的な理由が必要です。

　日本では、多くの会社に退職金制度があります。会社が定める一定条件に当てはまる人に支給されます。退職金は退職時に全額支給することが多いですが、年金形式をとる場合もあります。

　退職金制度自体は法定ではありませんが、労働基準法は、制度を設ける場合に、適用される労働者の範囲、計算方法、支払時期などを就業規則に定めることを求めています。また、退職金を支払う段階になって支払財源がないということにならないよう、退職金の財源確保が求められています。なお、退職金に過度の課税がなされないような税務上の制度もあります。

　退職金が支払われる理由としては、①在職中の会社への貢献に報いるため、②在職中の賃金の後払いのため、③老後の生活を援助するため、などが考えられます。

　現在、退職金制度を廃止し、その分を給料に上乗せする会社が増えつつあります。働く人にとっても会社にとっても、そちらの方が望ましいという判断です。

# 03 福利厚生制度

　福利厚生制度とは、給料の他に支給する金銭以外の報酬のことです。福利厚生制度には、法定のものと、法定外のものがあります。

## 1．社会保険制度

　社会保険とは、労働者が安心して働けるようにするため、労働者の生活を守るための制度です。法律で定められている国の制度ですから法定福利制度とも言われます。会社の社会保険制度は、図表4-1のようになっています。

図表4-1　社会保険の概要

| 保険の種類 | | | 目的 | 掛金の負担 |
|---|---|---|---|---|
| 社会保険 | 社会保険 | 厚生年金保険 | 労働者の老後に備えるため | 従業員と会社が折半 |
| | | 健康保険 | 労働者の怪我や病気に備えるため | 従業員と会社が折半 |
| | | 介護保険 | 介護を社会全体で支えるため<br>40歳以上が対象 | 従業員と会社が折半 |
| | 労働保険 | 雇用保険 | 雇用の安定のため | 従業員と会社が折半 |
| | | 労災保険 | 就業中の怪我、病気に備えるため | 全額会社負担 |

　社会保険は、突発的な事故などによって発生する経済的な負担が膨大になるのを防ぐため、社会みんなで積み立てて備える国の制度です。国民皆年金、国民皆保険ですから、会社に勤めていない場合は、国民年金、国民健康保険に加入しなければなりません。この制度により、例えば病気で入院したとしても治療代や入院費用の支払いをあまり心配せずにいられます。

　そのための社会保険料は高額です。給料の支給額によって増減しますが、15％くらいが天引されます。これが従業員負担分です。もちろん、会社には同額＋労災保険の掛金負担が発生しています。従業員にとっては会社に払ってもらっている実感がありませんが、よく考えてみれば、この会社負担はありがたい制度です。

## 2．福利厚生（法定外）

　社宅、社員寮、住宅手当、通勤手当、社員食堂、保養所、社員旅行などが該当します。かつては、立派な社員寮がないと若い人が入ってこないとか、家族で保養所へ行き安い値段でぜいたくができた、という存在でしたが、今は給料に織り込まれるようになりました。

# 04 働く人にとって大事なこと

## 1. 仕事とは

　仕事は 3 つの要素に分類できます。①自分がやりたいこと、②自分がやれること、③会社がやってほしいこと、の 3 つです。図表 4-2 の 3 つの円に該当します。この 3 つの要素が重なると良いのですが、実際には図のように重ならない部分があります。その結果、仕事は A 〜G の 7 つに分類されます。

　まず、図の A、D、B は仕事にはなりません。いくら自分がやりたくても、自分が得意であっても、会社がやってほしいことでなければ仕事ではありません。また、F と C も仕事にはなりません。会社はやってほしいと思っていますが、自分ではできない仕事だからです。

　つまり、実際の仕事は、G か E しかありません。G も E も、会社がやってほしいことで、自分がやれることです。このうち G は、自分がやりたい仕事、E はやりたいとは思わない仕事です。

### 図表 4-2　仕事の分類

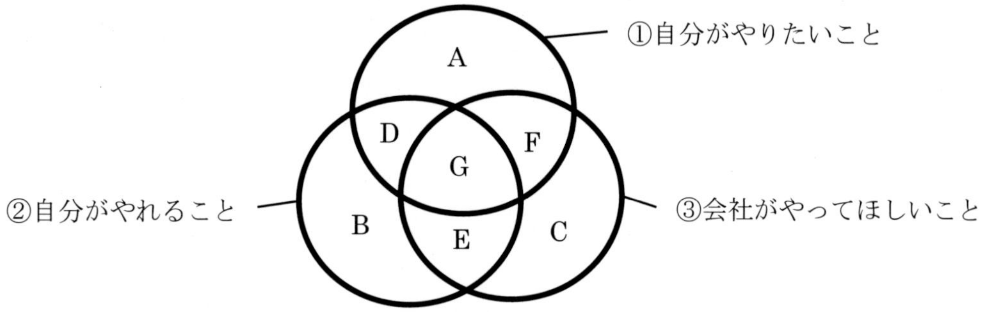

- ①自分がやりたいこと
- ②自分がやれること
- ③会社がやってほしいこと

A
D　F
G
B　E　C

　本当は、③が自分のやりたいこと、やれることの方に広がってくれると良いのですが、会社は社員の都合に合わせて仕事を決めてはいません。会社の目的は、社会やお客様に貢献し喜ばれることによって利益をあげなければならないからです。社員 1 人ひとりの興味や関心のために仕事の範囲を決めることはありません。

　となると、自分がやりたいこと、自分がやれることを会社の仕事に向かって広げ増やしていく必要があります。できるだけ図の E、F、C を小さくしなければなりません。

　苦手なことは克服しましょう。そのためには、得意な分野を広く、強くすることも効果的です。また、嫌いな仕事こそ深く知ることが重要です。意外に「食わず嫌い」も見られます。その仕事の理念や必要性を理解して取り組みましょう。

## 2．何のために働くのか

　まもなく社会人人生50年時代が到来します。50年間働かなければなりません。

　では、何のために50年間働き続けるのでしょうか?

　まずはお金のためです。自分の人生は自分で稼がなければなりません。働かざるもの食うべからずで、実際に働かないと食っていけません。

　次に社会のためです。社会の一員として、社会に貢献する必要があります。

　憲法で働くことが国民の義務となっているのは、この2つが理由でしょう。

　さて、この2つで、とりあえず生活は成り立ちますし、社会の一員としても認められます。では、働く理由はそれだけですか?

　ぜひ、もう1つ、自分のため、やりがいのため、という目的を加えてください。仕方なく働いても50年、やりがいがあっても50年なら、ぜひやりがいのために働きましょう。

## 3．やりがいは、自分で創り出す

　問題は、やりがいを持って働くために、具体的にどうするか、です。

　1つのヒントがスポーツにあります。オリンピック出場クラスはもちろん、全国大会クラスの選手になれば、おそらくそのスポーツに関して十分すぎるほどのやりがいを感じているでしょう。彼らはそのためにどうしたか?　間違いなく猛烈な練習、人一倍の努力をしています。スポーツの場合も、全国大会レベルでなくても、それなりにやってもそれなりの充実感は得られます。でもおそらく、一流の満足感、やりがいは違います。

　そうです。一流の仕事ができるようになりましょう。でも、楽をしていては一流にはなれません。相応の努力、訓練、苦労が必要です。これなしに一流にはなれませんし、50年間の社会人人生を豊かなものにするやりがいは得られません。

　また、やりがいは周りから与えられるものではありません。さらに言えば、やりがいを与えてくれる会社や職場なんて、あるはずがありません。自分の手でもぎ取らないと、やりがいは得られないのです。

　例えば、抜群に柔道の強い中学生がいたとします。彼の目標はインターハイ優勝です。高校進学にあたり、遠方の名門高校に行くか、地元の高校に行くか悩みます。おそらく、目標達成のためには名門高校でしょう。なぜか?　名門高校の方が、強い相手と厳しい練習ができるからです。地元の高校なら、どうしても楽をしてしまいます。でも、もし地元の高校を選んでしまったら、そこで努力するしかありません。学校のせいにしていては、栄冠は得られず、やりがいは感じられないのです。

　一流の仕事ができれば、仕事は楽しくなり、大きなやりがいが得られます。ぜひ、自分でやりがいを創り出しましょう。

# 第 5 章

## 会社の数字

# 01 決算書を理解しよう

　決算書は会社の成績書です。決算書は見慣れない言葉と数字が書き込まれていて、何だか難しそうに思えてしまいます。でも心配は不要です。この章を読めば、簿記を知らなくても、決算書は理解できるようになります。

## 1．損益計算書

### （1）損益計算書の基本構造（売上高から営業利益まで）

　ある会社は、1年間に100億円を売り上げました。このときの仕入代金は70億円でした。また100億円を売り上げるために、会社が1年間に使ったお金は25億円でした。

　このことを図式化すると、こうなります。

| 売上原価 70億円 | 販売費及び 一般管理費 （販管費）25億円 | 売上総利益 （粗利益） 30億円 |
| --- | --- | --- |
| | | 営業利益 5億円 |

　売上高は100億円で、原価率は70%です。売上原価は、仕入代金であったり、製造経費であったりします。原価を差し引いた30億円のことを、一般的な用語では粗利益（あらりえき）、会計用語では売上総利益と言います。手数料、マージンのことです。

　会社はこの売上総利益の中から、販売と管理に要する費用（販売費及び一般管理費）を払います。販売費とは商品を販売するための経費であり、管理費とは総務や経理、役員などいわゆる本社経費です。正式な名称は販売費及び一般管理費ですが、略して販管費（はんかんひ）とも言います。販管費は、会社の全経費から、製造経費（これは売上原価です）を差し引いたもののことです。

　残額5億円が営業利益です。

　この会社の場合、売上総利益率は30%、営業利益率は5%となります。

　ここまでに出てきた用語を整理しておきましょう。

| 売上高 | 売り上げた金額の合計。 |
| --- | --- |
| 売上原価 | 売上高の原価。仕入高、製造原価の合計。 |
| 売上総利益 | 粗利益。手数料、マージンに相当するもの。 |
| 販売費及び一般管理費 | 販売、管理に要する費用。工場費用（売上原価）以外の全経費。 |
| 営業利益 | 会社の営業活動により生まれた利益。 |

## （2）損益計算書の基本構造（営業利益から当期純利益まで）

営業利益から当期純利益までは、次のような構造になっています。

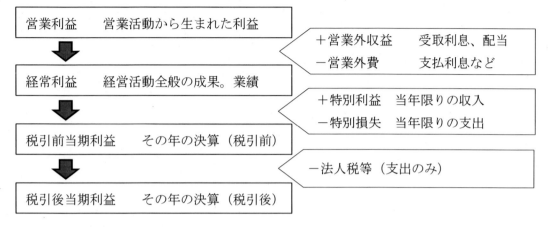

営業利益とは、営業活動の結果生まれた利益のことでした。

ここに営業活動以外の収支を反映させたものが経常利益です。経常利益は、いわばその会社の実力です。最も特徴的なものは支払金利です。借り入れをしている会社では金利負担が重く、実力を引き下げてしまうことがあります。

特別損益（特別利益、特別損失）は、その年だけ発生する収支です。例えば、ある会社が50年前に1万円で取得した社有地を処分したら100万円で売れたとしましょう。1万円で買った土地は決算書の上では1万円の価値でしかありません。これが100万円で売れた場合、差額の99万円は特別利益になります。反対に、100万円で買って5年間で20万円ずつ均等に償却するはずの機械が、何らかの理由で3年で処分した場合、償却の済んでいない40万円は特別損失になります。

経常利益がその会社の実力だという話は、税引前当期利益からさかのぼった方がわかりやすいかもしれません。全部の収支から、今年度限りの収支を取り除いたものが経常利益、ということになります。


## （3）値下げの影響

ここで問題です。この会社が、何らかの理由で商品の価格を10％下げなければならなくなったとすると、この会社の営業利益はどうなるでしょう？

大きなポイントは、売上原価も10％下がるかどうかです。原油価格など相場商品の場合は販売価格に応じて仕入価格も下がります。この場合、売上高は90億円、売上原価は63億円、売上総利益は27億円になります。販管費は変わる要素がありませんので25億円のまま。この結果、営業利益は2億円、値下げ前の40％になってしまいます。

一方、仕入価格が下がらない場合は、売上高は90億円、売上原価は70億円、売上総利益は20億円、販管費が25億円ですから、値下げ前の営業利益5億円が、単価が1割下がっただけで5億円の赤字になってしまいます。値下げは慎重に！です。

## ２．貸借対照表とは

次は貸借対照表です。損益計算書は一定期間の会社のお金の出入りを合計した、いわば会社の「小遣い帳」であるのに対し、貸借対照表は、ある時点での資産内容を表します。

### （1）貸借対照表の概要

ある日、一郎君が 1,000 万円の価値のある高級車
に乗ってきました。「へぇ、一郎君は意外に金持ちな
んだ」と驚いていたら、実はこの車を買うために 800
万円のローンを組んでいたことがわかりました。こ
のときの一郎君の資産内容を貸借対照表にしたもの
が右の図表 5-1 です。一郎君は 1,000 万円の高級車
（資産）を持ってはいるけど、ローン（負債）が 800
万円あるので、一郎君が持っている正味の財産（資
本）は 200 万円、ということになります。

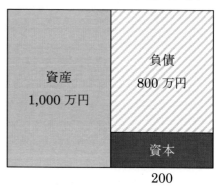

図表 5-1　一郎君の貸借対照表

（資産 1,000 万円／負債 800 万円／資本 200）

貸借対照表の「貸借」という言葉に、特別な意味はありません。簿記の決まりで表の左側
を「借方」、右側を「貸方」と言いますが、覚えなくても実用上は差し支えありません。

「対照」というのは、表の右側と左側の合計が同額になることを示しています。なお、「負
債」というのは他人のお金、「資本」は自分のお金です。他人のお金である負債は、いずれ支
払わなければなりませんが、自分のお金である資本を返す必要はありません。

「資本」とは、「資本金」とか「自己資本」という用語にも使われています。

では、貸借対照表には、どんな意味があるのでしょうか。

事業をやるには、資産が必要です。製造業なら、工場や機械を用意し、原材料も仕入れな
ければなりません。お店でも同様で、店舗や設備、そこに並べる商品在庫が必要です。また
必要な経費を支払えるよう、一定の現金・預金という資産も用意しておかなければなりませ
ん。これら資産が、貸借対象の左側に並びます。

これらの資産を揃えるためにはお金が必要です。そのお金の出所が右側に記載されます。大
きく分ければ他人のお金である負債と、自分のお金である資本であることは前述のとおりです。

つまり、右側は事業に必要なお金の出所を表し、左側はそのお金を使って揃えた資産の明
細を表します。

### （2）貸借対照表はなぜ必要か？

貸借対照表は、会社の安定度、危険度を見るために使います。では、会社の危険とは何で
しょうか？　赤字ではありません。倒産です。

会社はどうして倒産するのでしょうか？　それは、支払うべきお金が支払えなくなるから
です（11 ページ参照）。ABC、3 社の事例で考えてみましょう（図表 5-2〜5-4）。

図表5-2　A社の貸借対照表

図表5-3　B社の貸借対照表

図表5-4　C社の貸借対照表

　3社はいずれも資産が10億円、借入金8億円、純資産が2億円です。違いは資産の中身です。A社は10億円すべてを現金で持っています。B社は商品在庫、C社は工場の建物や機械、設備として持っています。この3社が返済を迫られたとき、倒産の危険性が低い順番はどうなるでしょうか？　A社は現金を持っていますから支払には困りません。B社は商品を売れば支払えますが、もし売れないと支払えません。C社の工場は売るためのものではありませんから支払に困ってしまいます。つまり、返済のためには現金が必要で、現金化しやすい資産を持っているほど倒産しにくいことがわかります。貸借対照表は、会社の倒産危険度をつかむために使います。

### （3）貸借対照表の読み方

　貸借対照表では、資産を流動資産と固定資産、負債を流動負債と固定負債に分けています。「流動」資産というのは、1年以内に現金化するもののことで、1年以内に現金化しないものは「固定」資産と言います。在庫は1年以上持つべきものではない、つまり1年以内に現金化すべきですから流動資産です。反対に、工場は現金化すべきものではないので固定資産です。負債についても同様で、1年以内に支払うべきものは「流動」負債、1年以上返さなくて

も良いものを「固定」負債と言います。商品や原材料の仕入代金は流動負債、1 年以上先に返せば良い長期借入金は固定負債になります。

　貸借対照表を読むポイントは、流動負債と流動資産のバランスです。図表 5-5 のように、1 年以内に支払わなければならない流動負債が 5 億円あっても、1 年以内に現金化する流動資産が 6 億円ありますから、大雑把に言えば今年の支払は何とかなるでしょう。でも、もし流動負債が 6 億円、流動資産が 5 億円だとすると、お金を調達してこないと支払うことができません。これが倒産リスクです。つまり、流動負債と比べて流動資産が多いほど安全、流動資産が少ないと危険、ということになります。

　貸借対照表で重要なのは、図表 5-6 の 5 つの□で表す要素、特に流動資産と流動負債のバランスです。図表 5-6 の企業の事例では 2 桁数字が小さくなりますが、バランスは同じですので、安全性は同じです。貸借対照表を読むときには、規模の違いは関係ありません。

　貸借対照表に慣れるまでは、これらの図表のように左側に 2 つの箱、右側に 3 つの箱を、比率どおりに書いてみるとわかりやすいでしょう。ちなみに、この本の貸借対照表は、ほぼ正しい比率にしてあります。では次に、貸借対照表の具体的な事例を見てみましょう。

**図表 5-5　一般的な貸借対照表**

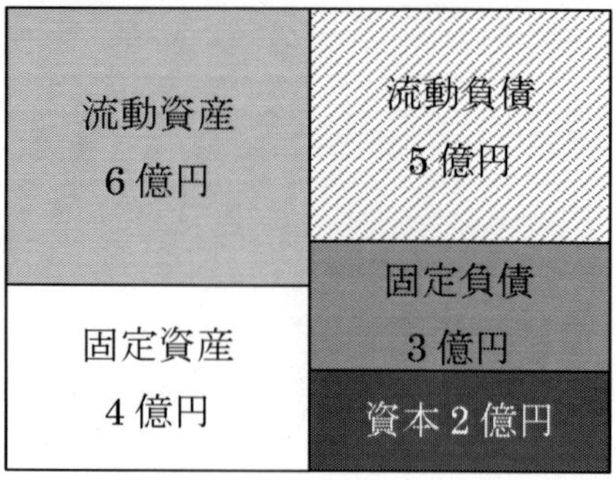

| 流動資産<br>6 億円 | 流動負債<br>5 億円 |
| 固定資産<br>4 億円 | 固定負債<br>3 億円 |
| | 資本 2 億円 |

**図表 5-6　中小企業の事例**

| 流動資産<br>600 万円 | 流動負債<br>500 万円 |
| 固定資産<br>400 万円 | 固定負債<br>300 万円 |
| | 資本 200 万円 |

## 02 事例から貸借対照表を読み取る

### 1. 事例1

#### （1）シャープの苦境

図表5-7は、2015年3月期のシャープの貸借対照表です。液晶テレビAQUOS、亀山モデル、のシャープです。上場企業の決算書は公表されていますので、元のデータはシャープのホームページで見ることができます。なお、このときの流動負債は1兆6,870億円です。桁数が読みにくくて困りますが、大事なのは金額ではなく、バランスです。数字が大事でないとは言いませんが、ここでは、特に5つの□の大きさ、バランスに注目してください。

シャープは1年以内に1.7兆円ものお金を支払わなければなりませんが、1年以内に現金化できるのは1.3兆円です。4,000億円近いお金（ものすごい金額です！）が足りません。

図表5-7　シャープの貸借対照表
2015年3月期、単位：十億円

流動資産 1,299
固定資産 663
流動負債 1,687
固定負債 230
資本 45

もう少し説明を加えましょう。右側一番下の資本がほとんどありません（正しく言うと、全体の2%ほどしかありません）。これは、資本金（1,220億円）と、これまでに蓄えてきた貯金を赤字が食いつぶして、450億円しか残っていないという意味です。

4,000億円ものお金が足りないとなると、お金を借りてくるしかありません。問題は、貸してもらえるかどうか、です。お金を貸す側である金融機関としては（金融機関だからではなく、お金を貸す人にとっては当たり前の話ですが）、貸したからには返してもらわなければなりません。直前まで「液晶のシャープ」で絶好調であった企業が急におかしくなり、赤字体質になってお金が足りないと言い出したのです。このままでは返してもらえる保証はありませんから、簡単に貸せるはずがありません。4,000億円を調達できないと、名門企業が倒産してしまうのです。シャープの財務の責任者は、おそらく眠れない日々を過ごしたことでしょう。

なぜ絶好調だった企業が急におかしくなったのか、というテーマも「会社のしくみ」の内容にふさわしいのでしょうが、ここでは「会社の数字」である決算書の話に絞って進めます。

## （２）シャープの復活

　図表5-8は、2年後の貸借対照表です。1年以内に支払うお金は0.8兆円。1年間に現金化できる資産が1.2兆円ありますから、これなら財務の責任者も枕を高くして寝ていられます。2年前には4,000億円足りないと言っていた会社が、見事なまでに問題のない貸借対照表になりました。

　シャープが復活したのは、台湾の鴻海精密工業グループ（ホンハイ）がシャープを約4,000億円で買収した結果です。このお金を資本にあてたので、資本が増えました。またこの買収により金融機関も安心して貸し出すことができるようになり、固定負債が増えました。こうして、シャープは死の淵からよみがえることができました。買収前後の貸借対照表を見比べると、左側の資産内容はほとんど変わっていません。資産の売却などは行っていないからです。買収によって変わったのは貸借対照表の右側だけです。自分のお金（資本）と長期借入金が増え、流動負債が減りました。

図表 5-8　シャープの貸借対照表
2017年3月期、単位：十億円

| | |
|---|---|
| 流動資産 1,194 | 流動負債 802 |
| | 固定負債 664 |
| 固定資産 580 | 資本 308 |

# ２．事例２

　次は、少し古い事例ですが、日産自動車（以下「日産」）です。

## （１）日産の苦境

　図表5-9は、1999年の日産の貸借対照表です。日産はこの時点でも黒字（1,100億円）で、純資産は1兆円近くあります。でも、1年以内に支払わなければならないお金が3.8兆円もあります。それに対して1年以内に現金化できるのは3.0兆円しかありません。8,000億円！もお金が足りません。この年の経常利益は若干のマイナス（△20億円）ですから、ここでも金融機関は貸し出しに慎重にならざるを得ません。日産の役員も、やっぱり心配で夜も眠ることができなかったことでしょう。

図表 5-9　日産の貸借対照表
1999年3月期、単位：十億円

| | |
|---|---|
| 流動資産 3,005 | 流動負債 3,819 |
| 固定資産 3,600 | 固定負債 1,822 |
| | 資本 943 |

売上高 6,580　経常利益△2

## （2）日産の復活

　図表 5-10 は、その 4 年後、2003 年です。シャープ同様、左側は変わっていません。右側は、純資産と固定負債が増えた分、流動負債が減りました。日産は、これをカルロス・ゴーン CEO（当時）が主導した「日産リバイバルプラン」により成し遂げました。リバイバルとは「復活」のことです。このプランでは、①徹底的にコストを下げる、②借入金を減らす、③利益をあげる、ことを数字で具体的にコミットメント（約束）し、役員全員の「首」をかけて実行・実現しました。それまでの日産は資金繰りに苦しむ状態であったのに、下請企業や取引先に大ナタをふるい、主力工場を閉鎖、社員も大幅に減らして儲かる体質に変えました。この結果、この年の経常利益は 0.7 兆円になりました。

### 図表 5-10　日産の貸借対照表
#### 2003 年 3 月期、単位：十億円

| 流動資産 3,700 | 流動負債 2,922 |
| | 固定負債 2,531 |
| 固定資産 3,647 | 資本 1,897 |

売上高 6,829　経常利益 810

　この 0.7 兆円は自分で稼いだお金ですから、これにより、純資産が増えますし、これだけの黒字体質になれば、金融機関もお金を貸してくれるようになります。ゴーン CEO はその後、逮捕や海外逃亡により汚点を残してしまいましたが、日産の劇的な復活劇における功績は見事という他はありません。

　この項の最後に、日産自動車がリバイバルプランを終了したのと同じ 2003 年 3 月期のトヨタ自動車の貸借対照表を紹介します（図表 5-11）。

　もちろん、トヨタの安全性、つまり 5 つの □ のバランスには何の問題も心配もありません。

　特に目立つのは資本の厚さです。資本とは、自分のお金のことです。これに対して負債は他人のお金。借入金なら返さなければなりませんし、買掛金も支払わなければならないお金、つまり他人のお金です。トヨタの堅実性の現れでしょう。

　一方、売上高と経常利益を見てください。トヨタの経常利益率（経常利益を売上高で割った数値）8.8％に対して、日産は 11.9％と驚異的な値です。

　以上は、2003 年の日産とトヨタの貸借対照表です。現在の両社の貸借対照表が気になりませんか？　また、例えば Honda（本田技研工業）の貸借対照表を見て、日産やトヨタと生産性を比較してみたいと思いませんか？　興味のある人は、ぜひ、各社のホームページの IR 資料から決算書を探して見てください。

### 図表 5-11　トヨタ自動車の貸借対照表
#### 2003 年 3 月期、単位：十億円

| 流動資産 11,020 | 流動負債 7,558 |
| | 固定負債 5,228 |
| 固定資産 9,723 | 資本 7,460 |

売上高 16,054　経常利益 1,414

## ３．ある、たこ焼き屋の物語

　ここからは、会社の利益構造、利益計画を「たこ焼き屋」の事例で紹介します。

### （１）たこ焼き屋を始めよう

　八郎さんは、駅前商店街の空き店舗でたこ焼き屋を始めました。

　大きなタコの入ったたこ焼きは１パック 300 円、原材料など１パックあたりの費用は 100 円です。その他にアルバイト代が１日 10,000 円、家賃その他が１日 10,000 円かかります。１パックで差し引き 200 円儲かりますから、100 パック売れると 20,000 円の費用が払えてトントンになります。

| 1 パック当たり | 売上 300 円 | － | 材料 100 円 | ＝ | 儲け 200 円 |
|---|---|---|---|---|---|
| 100 パック売ると | 1 パック 200 円 | × | 100 パック | ＝ | 20,000 円 |
| アルバイト代、家賃を払うと | 20,000 円 | － | 費用 20,000 円 | ＝ | 差し引きゼロ |

　八郎さんは店を出す前に、駅前の人の流れを１日見ていました。朝晩には通勤・通学客が大勢通りますし、昼間も子供連れの主婦やお年寄などがひっきりなしに行き交います。１日 100 パックを売るのは簡単なことでしょう。150 パック売れれば１日 10,000 円の儲け、200 パックなら 20,000 円の儲けになります。さすがに１日 200 パックだとアルバイト１人では厳しいかもしれませんが、忙しい時間帯だけパートタイマーを雇えば費用もそんなにかかりません。自分が働かなくても儲かるのだから、我ながら良いアイデアだ、と思いました。

　そこで勇んで店を出しました。ところが最初の月は１日平均 80 パックの売上しかありません。これでは毎日 4,000 円ずつの赤字です。１カ月で 12 万円の持ち出しになってしまいました。これは困ったことです。何とかしなければなりません。

| 1 パック当たり | 売上 300 円 | － | 材料 100 円 | ＝ | 儲け 200 円 |
|---|---|---|---|---|---|
| 80 パック売ると | 1 パック 200 円 | × | 80 パック | ＝ | 16,000 円 |
| アルバイト代、家賃を払うと | 16,000 円 | － | 費用 20,000 円 | ＝ | 4,000 円の赤字 |

### （２）何とか赤字を減らそう

　そこで、仕入を見直したら、材料代が１パック 10 円分安くなりました。たこ焼き屋を始めるときは材料代の比率が低いと思って気にしていませんでしたが、業務用の材料だと安く仕入れられることがわかりました。次に大家さんに家賃の相談をしたら「出て行かれるよりはマシだ」と言って、赤字の間は 1,000 円まけてもらえることになりました。とりあえず、これで赤字は 2,200 円と、半分近くまで減りました。それでも月に６万円以上の赤字です。

| 1 パック当たり | 売上 300 円 | － | 材料 90 円 | ＝ | 儲け 210 円 |
|---|---|---|---|---|---|
| 80 パック売れて | 1 パック 210 円 | × | 80 パック | ＝ | 16,800 円 |
| アルバイト代、家賃を払うと | 16,800 円 | － | 費用 19,000 円 | ＝ | 2,200 円の赤字 |

（3）目標利益は 1 日 10,000 円

この先どうしようと困っていたら、アルバイトが「タコが大きいことをアピールすれば、もっと売れますよ」と言いました。そこで 1 週間宣伝したら、毎日 100 パック売れるようになりました。100 パック×210 円で 21,000 円入り、19,000 円支払えば、毎日 2,000 円の儲け、家賃が元に戻るので 1 日 1,000 円の儲けになりました。

| 1 パック当たり | 売上 300 円 − 材料 90 円 = 儲け 210 円 |
|---|---|
| 100 パック売れて | 1 パック 210 円 × 100 パック = 21,000 円 |
| アルバイト代、家賃を払うと | 21,000 円 − 費用 20,000 円 = 1,000 円の黒字 |

この宣伝効果は大きく、1 カ月後には 1 日平均 120 パックが売れるようになりました。これで 1 日 5,200 円残ります。

| 1 パック当たり | 売上 300 円 − 材料 90 円 = 儲け 210 円 |
|---|---|
| 120 パック売れて | 1 パック 210 円 × 120 パック = 25,200 円 |
| アルバイト代、家賃を払うと | 25,200 円 − 費用 20,000 円 = 5,200 円の黒字 |

まだまだお客さんは増えそうです。もし 1 日平均 150 パック売れたら、毎日 11,500 円の利益が残ります。当面の目標は 1 日 10,000 円というところでしょうか。面白くなってきました。八郎さんは、一緒にみたらし団子も売ろうか、忙しい時間帯のためにパートタイマーの準備もしようか、隣の駅前に 2 号店を出そうか、嬉しい悩みを抱えるようになりました。

| 1 パック当たり | 売上 300 円 − 材料 90 円 = 儲け 210 円 |
|---|---|
| 150 パック売れて | 1 パック 210 円 × 150 パック = 31,500 円 |
| アルバイト代、家賃を払うと | 31,500 円 − 費用 20,000 円 = 11,500 円の黒字 |

それにしても、ついこの前まで 1 日 80 パックしか売れずに 4,000 円の赤字だったのに、5 割増の 120 パックになっただけで 5,200 円の儲けとは、何だか不思議な気分です。

## 4．利益の構造

### （1）変動費と固定費

八郎さんのたこ焼き屋の費用は①材料代、②アルバイト代、③家賃、の 3 つです。このうち、売上とともに変化するのは①の材料代だけです。このように売上とともに変動する費用を「変動費」と言います。それに対して②③は売上に関係なく定額です。これを「固定費」と言います。

もう 1 つ、売上から変動費を引いたもの、このたこ焼き屋の開店時だと 1 パックあたり 200 円のことを「限界利益」と言います。「限界」という言葉に深い意味はありません。英語を訳すと「限界」になるだけの理由です。

　話を戻します。利益のポイントは、限界利益の合計が固定費よりも少なければ赤字、限界利益の方が多ければ黒字です。話を簡単にするため、たこ焼きの材料代は 1 パック 100 円、アルバイト代と家賃は合わせて 1 日 20,000 円として話を進めます。

　たこ焼きを 1 パック売ると 200 円が残りますから、この店の限界利益は次表のとおりになります。

| 販売パック数（パック） | 60 | 80 | 100 | 120 | 140 |
|---|---|---|---|---|---|
| 売上　　　　　（円） | 18,000 | 24,000 | 30,000 | 36,000 | 42,000 |
| 限界利益合計　（円） | 12,000 | 16,000 | 20,000 | 24,000 | 28,000 |
| 固定費　　　　（円） | 20,000 | 20,000 | 20,000 | 20,000 | 20,000 |
| 損益　　　　　（円） | △8,000 | △4,000 | ±0 | 4,000 | 8,000 |

　これをグラフにします（図表 5-12）。30,000 円のところの線は、100 パック売上のときです。

### （2）損益分岐点

　100 パックで 30,000 円の売上、変動費が 10,000 円、限界利益が 20,000 円ですから、ちょうど固定費 20,000 円がまかなえます。売上が 100 パック 30,000 円を下回ると固定費が払えず赤字、30,000 円を超えると黒字になります。

　赤字から黒字に変わる点のことを「損益分岐点」と言います。このときは、限界利益＝固定費、となります。

図表 5-12　たこ焼き屋の利益構造

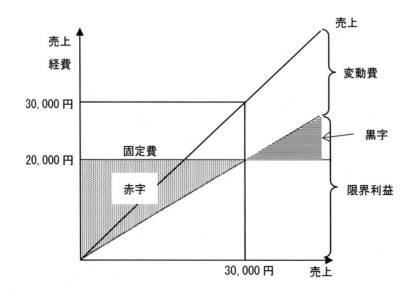

## 5．赤字でも作り続ける工場？

　八郎さんの店は借家です。もし売上が損益分岐点を下回る赤字状態が続けば、店を閉めれば済むでしょう。ところがそうならない場合があります。かつてのビデオテープ、カセットテープの工場のような場合です。

　話を簡単にするため、A社のビデオテープ工場の1日あたり固定費が20,000円であるとします。ただしこの工場は無人で稼働する自動製造装置の自社工場で、10年間（3,650日）使う計画で7,300万円（3,650日×20,000円／日）の投資をしました。最初のうちは1日120本、36,000円のテープが売れたので儲かっていました。そこで新規参入が相次いだため、今では1本単価が300円から150円に下がり、それでも1日100本しか売れなくなってしまいました。材料費は100円のまま変わっていません。

　このときの限界利益は1本あたり50円、100本で5,000円です。毎日15,000円、1年で500万円を超える赤字です。このことを知った工場長は「ただちに工場を止めるべきだ」と言いました。これは正しい判断でしょうか？

　この工場の場合は、止めるべきではありません。赤字の元は、7,300万円の投資であり、このお金（年額730万円）は工場を止めても返ってきません。いわば10年分の固定費を全額先払いしているのです。ではどうするか？　今でも毎日の限界利益が5,000円（50円×100本）ありますから、この分だけ赤字が小さくなります。1年間で赤字が180万円ほど小さくなっているのですから、工場自体は赤字でも工場を止めるべきではありません。

# 参考文献

・「図解による会社法・商法のしくみ第 5 版」神田将、自由国民社、2014
・「イラスト図解　会社のしくみ」坂田岳史、日本実業出版社、2007
・「最新版　入門の入門　経営のしくみ」青木三十一、駒林健一、日本実業出版社、2007
・「Q&A　会社のしくみ 50」山田英司、丸山武志、吉野薫、日本経済新聞出版、2011
・「90 分でわかる　会社のしくみ」八巻優悦、かんき出版、2009
・「会社のこと　よくわからないまま社会人になった人へ第 3 版」池上彰、海竜社、2019
・「グロービス MBA マネジメント・ブック〔改訂 3 版〕」グロービス経営大学院、ダイヤモ
　ンド社、2008
・スターバックス　コーヒー　ジャパン　ホームページ
・「QC サークルのための QC ストーリー入門─問題解決と報告・発表に強くなる─」杉浦忠、
　山田佳明、日科技連出版社、1991
・「よくわかる『QC 七つ道具』の本」石井敏夫、日刊工業新聞社、2011
・「ISO9001：2015　品質マネジメントシステム─要求事項」日本規格協会、2015
・「シリーズ労働基準法　キーワードでわかる人事労務　トラブル回避の手引き」会社実務研
　究会　労働基準法グループ、第一法規株式会社、2005
・「新版　あなたを変える『稼ぎ力』養成講座　決算書読みこなし編」渋井真帆、ダイヤモン
　ド社、2006
・シャープ、日産自動車、トヨタ自動車　IR 資料（各社ホームページ）

## 著者紹介

**深谷定弘（ふかや さだひろ）**

株式会社グランツハート　契約講師

名古屋大学　農学部農学科卒

深谷経営研究所 代表、一般社団法人東海経営支援センター理事

中小企業診断士、物流技術管理士、ISO22000（食品安全）審査員補

現在は、食品製造業、食品流通業、大規模農業経営体などを対象に
生産性向上、経営改善、食品安全の指導を行っている。

## 職業訓練法人Ｈ＆Ａ　会社の仕組み

| | |
|---|---|
| 2021年4月1日 | 初版発行 |
| 2023年4月1日 | 第二刷発行 |

著 者　深 谷　定 弘

| 発行所 | 職業訓練法人Ｈ＆Ａ |
|---|---|
| | 〒472-0023　愛知県知立市西町妻向14-1 |
| | TEL 0566(70)7766 |
| | FAX 0566(70)7765 |
| 発 売 | 株式会社 三恵社 |
| | 〒462-0056　愛知県名古屋市北区中丸町2-24-1 |
| | TEL 052(915)5211 |
| | FAX 052(915)5019 |
| | URL http://www.sankeisha.com |

乱丁・落丁の場合はお取替えいたします。
ISBN978-4-86693-407-5